Lernkrimi Niederländisch

De moordenaar van Den Haag

Jëminëëë hoffentlich nicht bei de Bruijnchens...

Jacob Jansen
Rheate Wormgoor

circon

Vokabeltraining inklusive!

Lerne die Vokabeln zum Buch - mit phase6, Deutschlands führendem Vokabeltrainer.*

www.phase6.de/s/a2775

* Bereitstellung als Vokabelpaket über phase6. Das erste Vokabelpaket des Circon Verlages wird kostenlos bereitgestellt. Nutzbar über Computer sowie Smartphones und Tablets mit Android/iOS.

Baierbrunner Straße 27, 81379 München
Ausgabe 2020
2. Auflage

Redaktion: Isabella Bergmann
Fachkorrektur: Evelien de Moes, Nothart Rohlfs
Produktion: Ute Hausleiter
Titelillustration: Karl Knospe
Lernkrimi-Logo: Carsten Abelbeck
Gestaltung: EKH Werbeagentur GbR, textum GmbH
Umschlaggestaltung: red.sign GbR, Stuttgart

ISBN 978-3-8174-1976-0
381741976/2

Besuchen Sie uns auf Instagram und Facebook: lernkrimi

www.circonverlag.de

Vorwort

Liebe Leserin, lieber Leser,

sicher zum Lernerfolg – mit Spaß und Spannung! Die Compact Lernkrimis mit ihrer Kombination aus Lektüre und didaktischem Übungsanteil eignen sich hervorragend, um breite Sprachkompetenzen in der Fremdsprache zu erwerben. Der Lernende wird dabei durch die spannende Handlung, das angemessene Sprachniveau und den stetig ansteigenden Schwierigkeitsgrad der Übungen gefördert und motiviert.
Entwickelt nach neuesten Erkenntnissen der Fremdsprachendidaktik, sind Compact Lernkrimis das ideale Medium für einen Lernerfolg im Selbststudium. Durch die kleinen Texteinheiten und den hohen Übungsanteil sind sie aber auch als Unterrichtslektüre bestens geeignet.

So lernen Sie mit Compact Lernkrimis:

- **Mit Begeisterung lernen:** Die packende Krimihandlung motiviert Sie beim Lesen des niederländischen Originaltextes.
- **Wissen intensivieren und erweitern:** Durch die Kombination aus didaktisch aufbereiteter Lektüre und textbezogenen Übungen testen und trainieren Sie Ihre Sprachkenntnisse effektiv. Vokabelangaben auf jeder Seite unterstützen Sie beim Lesen.
- **Systematisch lernen:** Knüpfen Sie an Ihr individuelles Sprachniveau an und setzen Sie eigene Lernziele.
- **Unabhängig sein:** Lernen Sie individuell – wo und wann immer Sie wollen.

Viel Spaß beim **spannenden Erlernen der niederländischen Sprache** wünscht Ihnen

Prof. Dr. Christiane Neveling
Didaktik der romanischen Sprachen, Universität Leipzig

Inhalt

Student vermist

Rheate Wormgoor

1 Het feest

'Twee bier en een witte wijn!' roept een jongen met halflang blond haar. Hij tikt ongeduldig met zijn vingers op de bar.
'Ja, komt eraan,' antwoordt Tim. Hij wast **net** twee bierglazen af. Het **zweet** staat op zijn gezicht.
Tim kijkt op zijn telefoon. Het is 4.03 uur, nog een uur en dan gaan ze **sluiten**. Dan moeten ze alles nog **opruimen**. Het is een **drukke** nacht en de mensen zijn al erg **dronken**. Tim **haat** zijn **bijbaantje**, maar hij heeft het geld nodig. Misschien krijgt hij zo dat geld **bij elkaar** om Bartels terug te betalen.
'Gaat het, Tim?' vraagt Floor **terwijl** ze een biertje **tapt**. 'Je bent een beetje **bleek**!'
'Ja, het gaat wel, dank je. Ik ben een beetje moe. Ik heb volgende week vier **tentamens** en ik slaap weinig.'
'Moet je morgen werken?'
'Nee, morgen niet. We hebben morgen toch dat feest op de boot. Zaterdag moet ik weer werken. En jij?' vraagt Tim. Hij kijkt haar nu aan. Ge-

net	gerade
zweet	Schweiß
sluiten	schließen
opruimen	aufräumen
druk	*hier*: geschäftig
dronken	betrunken
haten	hassen
bijbaantje	Nebenjob
bij elkaar	zusammen
terwijl	während
tappen	zapfen
bleek	blass
tentamen	Prüfung

lukkig is het donker in het café. Dan kan ze niet zien dat hij rood wordt. Hij is al een tijd geïnteresseerd in Floor, maar ze heeft een vriend. Hij heet Joost en woont samen met Tim op de woonboot.(i)

Wohnboote sind in den Niederlanden sehr beliebt, aber schwierig zu bekommen. Die meisten Wohnboote werden dauerhaft bewohnt und sind zwar transportfähig, werden allerdings nicht (mehr) als Fahrzeuge verwendet.

'Zaterdag ben ik er ook. En morgen moet ik ook werken.' Ze glimlacht naar hem en loopt naar de andere kant van de bar.
Tim voelt dat zijn telefoon in zijn broekzak trilt. Zijn hart bonkt in zijn keel. Het is vast Bartels... Hij belt al de hele dag, maar Tim neemt niet op. Bartels wil dit weekend zijn geld terug. 7000 euro. Tim heeft 600 euro over van vorige maand. Daar zal Bartels niet tevreden mee zijn.
'Hé, Timmie! Hoe is het? Goede week achter de rug?' Freek, een studiegenoot van Tim, staat aan de bar.
'Hé Freek, leuk dat je er bent. Alles goed, en met jou? Je was niet in de bibliotheek vandaag! Gaat het lukken volgende week?'
'Zie je dat blonde meisje daar?' Freek wijst naar een meisje op de dansvloer. 'Daar date ik al twee weken mee. Ik heb

glimlachen	lächeln
broekzak	Hosentasche
trillen	*hier*: vibrieren
bonken	*hier*: pochen
keel	Hals
vast	*hier*: sicherlich
opnemen	abheben
over	*hier*: übrig
iets achter de rug hebben	etw. hinter sich haben
lukken	gelingen, klappen
wijzen	zeigen
dansvloer	Tanzfläche

even belangrijkere dingen aan mijn hoofd dan tentamens.' Freek knipoogt. 'Maar je ziet me wel volgende week. Ik kan het altijd proberen.' Hij lacht. 'Heb je een biertje voor me?'
'Natuurlijk.' Tim draait zich om en pakt een bierglas. Hij voelt opnieuw zijn telefoon in zijn zak. Deze keer stopt het na één keer; het is een berichtje.
'Alsjeblieft.' Hij zet het biertje voor Freek neer. 'Nee, laat maar hoor, dat krijg je van mij,' zegt Tim als Freek zijn portemonnee pakt. 'We hebben morgen een feest op de boot, heb je zin om te komen?'
Freek knikt.
'Vanaf acht uur. Tot dan. Je kunt haar meenemen...' Tim kijkt naar het blonde meisje op de dansvloer.
'Vera,' reageert Freek. 'Ik zal het haar vragen! Ik bel je, fijne avond nog!'

Tim pakt zijn telefoon uit zijn zak. Hij opent het berichtje.

belangrijk	wichtig
knipogen	blinzeln
wel	*hier*: schon
opnieuw	wiederum
berichtje	Nachricht
zin	*hier*: Lust
knikken	nicken
negeren	ignorieren
kraai	Krähe
slikken	schlucken
oplossing	Lösung
meteen	gleich, sofort

Negeren werkt niet, jongen. Dit weekend wil ik het geld, dat weet je. Ik kom het morgenavond halen. De gouden kraai, 2 uur.

Tim slikt. Hoe weet Bartels waar Tim werkt?
'De laatste ronde! Je kunt nu nog iets bestellen, over tien minuten gaan de lichten aan,' spreekt de DJ in de microfoon.

Tim begint alvast wat glazen af te wassen. Hij denkt na over een oplossing, maar hij weet er geen. Morgen staat Bartels hier voor de deur. Hij krijgt voor die tijd nooit de rest van het geld bij elkaar.

`Ik heb het niet. Kan je 600 geven. Volgende maand meer. Sorry.`

Hij krijgt meteen een berichtje terug.

`Geen sorry. Geen 600. Het hele bedrag. Regel het!`

Oefening 1: Kies de juiste zin. **Welcher Satz ist korrekt? Kreuzen Sie an!**

1. ☐ **a.** Zaterdag ben ik ook er.

   ☒ **b.** Zaterdag ben ik er ook.

2. ☐ **a.** Hij belt al de hele dag.

   ☐ **b.** Hij belt al de heel dag.

3. ☐ **a.** Hij voelt nieuw zijn telefoon in zijn zak.

   ☐ **b.** Hij voelt opnieuw zijn telefoon in zijn zak.

4. ☐ **a.** Goede week achter de rug?

   ☐ **b.** Goede week achter jouw rug?

Vrijdag fietst Tim om vier uur 's middags[i] van de bibliotheek naar huis. Hij zet zijn fiets tegen de boom. Joost en Bas komen net met twee **kratten** bier van de supermarkt.
'Timmie! Alles oké?' roept Joost.
'Ja, alles goed. **Klaar** met leren voor vandaag.'
'Dat hoop ik, ja, want het is tijd voor het feest!' Joost en Bas staan **inmiddels** naast hem. Er gaat een telefoon.

> **'s middags** ist die Abkürzung einer alten Genitivform, ebenso *'s morgens, 's avonds, 's maandags* (früher hieß es: *des morgens, des middags, des avonds, des maandags*). Diese Genitivformen gibt es sonst in der niederländischen Sprache (fast) nicht mehr.

'Hier, pak even aan.' Joost geeft Tim het krat. Hij pakt zijn telefoon uit zijn zak en neemt op.
'Hé Janssen! Ja jongen, vanavond. Geen probleem. Ja hoor, neem maar mee. Tot later!'
Joost doet zijn telefoon terug in zijn broekzak. 'Jasper neemt twee vrienden mee. Het wordt vol vanavond!'
Joost heeft erg veel vrienden. Hij heeft iedereen **uitgenodigd**. Tim is soms wel **jaloers** op zijn huisgenoot. Hij is sociaal, heeft een mooie vriendin, haalt goede **cijfers**, heeft rijke ouders... Hij is het **tegenovergestelde** van Tim: **verlegen**, **vrijgezel**, zonder

krat	Kasten
klaar	fertig
inmiddels	inzwischen
uitnodigen	einladen
jaloers	neidisch
cijfer	Note
tegenovergestelde	Gegenteil
verlegen	schüchtern
vrijgezel	Junggeselle
ϟ sukkel	Trottel
eens	einmal
schouder	Schulter
wandelen	spazieren

geld en langzaam met zijn studie. Hij voelt zich echt een sukkel tegenover Joost.

Het is negen uur 's avonds als het echt druk begint te worden op de boot. Tim wil net naar buiten gaan voor een beetje frisse lucht, als Floor binnenkomt.
'Hé! Moet je niet werken?' vraagt Tim, als ze haar jas uittrekt.
'Om elf uur moet ik beginnen. Ik dacht: ik kom nog even hallo zeggen.'
'Nou, hallo dan.' Tim glimlacht. 'Het is nogal druk, weet eigenlijk niet eens waar Joost is.'
'Waar ga je heen?' vraagt Floor.
'Even naar buiten, het is zo warm binnen.'
'Ik ga met je mee.'
'Wil je niet naar Joost?'
'Nee, die weet niet eens dat ik kom. Heb eigenlijk geen zin om naar binnen te gaan.' Ze pakt haar jas weer en stapt naar buiten. 'Kom!' Ze kijkt over haar schouder en loopt naar de straat. 'Laten we een stukje gaan wandelen.'

Oefening 2: Definities. **Ordnen Sie den Wörtern die passende Definition zu!**

1. [c] negeren — a) vragen om te komen
2. [ ] oplossing — b) een antwoord op een probleem
3. [ ] uitnodigen — c) doen alsof je iets niet ziet of merkt
4. [ ] vrijgezel — d) iemand zonder partner

Na tien minuten lopen komen ze aan bij een park. Ze gaan op een bankje aan het water zitten.

'Ik ga het **uitmaken** met Joost.'

'Wat?' Tims[i] hart maakt een **sprongetje**. 'Waarom? Jullie zijn toch al lang samen?'

'Ja, ik weet het niet. Ik ben niet meer verliefd. En hij heeft soms van die **rare buien**. Hij kan boos worden om niets. We hebben best veel **ruzie**.'

'Echt waar? Jullie zijn altijd zo vrolijk.'

'Ja, hij is ook heel lief, hoor. Maar het is ook vaak niet gezellig. **Dus** ik **hou** ermee **op**. Ik ben nog jong!'

Floor kijkt Tim aan en glimlacht.

'Ja, dat klopt.' Tim glimlacht terug. 'Wanneer ga je het hem vertellen?'

'Morgen denk ik, als ik thuiskom van het werk. Hij slaapt morgen bij mij.'

'Ik ben **best** jaloers op Joost.' Tim kijkt voor zich uit. 'Ik... ik vind je al een tijdje leuk.'

Bei **Besitz** wird den Namen einer Person ein **s** (nach Konsonanten) oder **´s** (nach Vokalen) angehängt. Wenn ein Name oder Wort schon auf **s** endet, fügt man nur ein Apostroph hinzu.
Z.B.: ***s:** Tims hart;* ***´s:** Rita's bloemen;* ***´:** Bas´ fiets.*

uitmaken	*hier*: Schluss machen
sprongetje	Sprung
raar	komisch
bui	*hier*: Laune
ruzie	Streit
dus	also, folglich
ophouden	aufhören
best	*hier*: ziemlich
allang	schon lange
vlakbij	(ganz) in der Nähe
moraalridder	Moralapostel
blijven	bleiben

Oefening 3: Welk woord past er niet bij? **Welches Wort passt nicht in die Reihe? Unterstreichen Sie!**

1. vrolijk leuk gezellig raar
2. spreekt glimlacht zegt vraagt
3. 's avonds 's middags 's maandags 's morgens
4. knipogen glimlachen knikken roepen

'Dat weet ik toch allang.' Floor stoot met haar schouder tegen zijn schouder.
'Hoe... hoe weet je dat?' Tim kijkt haar geschrokken aan.
'Ik ben niet gek. Ik zie toch hoe je naar me kijkt!'
Tim weet niet wat hij moet zeggen.
'Ik vind jou ook best leuk, hoor. Misschien wil ik Joost daarom wel niet meer.' Ze legt haar hoofd op zijn schouder. 'Ik woon hier vlakbij. Heb je zin om iets bij mij te komen drinken?'
'Ik weet niet of dat zo'n goed idee is.' Tim is even stil. 'Maar ik wil het wel, natuurlijk.'
'Kom op, moraalridder.' Floor staat op en pakt zijn hand.

Anderhalf uur later schrikt Tim wakker uit een korte slaap.
'Ik moet gaan, shit! Ik kom te laat!' Floor trekt snel haar kleren aan. 'En jij moet ook gaan. Je kunt hier niet blijven, sorry.'
'Eh, ja. Ik ga ook.' Tim staat op.
Even later staan ze buiten. Floor geeft Tim een kus.
'Tot snel, Tim. Het was leuk.'
'Ja, het was leuk. Tot snel.'

2 Tim is er niet

Jan probeert zo stil mogelijk uit bed te stappen. Hij trekt zijn broek aan. Hij **struikelt** over de koffer van zijn vrouw. Zij **vertrekt** morgenvroeg voor een paar dagen naar Parijs.
'Wat doe je?' vraagt zijn vrouw.
'Ik ga even... **een luchtje scheppen**.'
'Om half twee 's nachts? Is er iets?' Zijn vrouw zit inmiddels rechtop in bed.
'Nee, niets. Ga maar weer slapen. Ik heb gewoon even frisse lucht nodig.'

struikelen	stolpern
vertrekken	*hier*: verreisen
een luchtje scheppen	Luft schnappen
deurmat	Türmatte
achtervolgen	verfolgen
durven	sich trauen, wagen
zuchten	seufzen
blij	froh
verslaving	Sucht

Jan loopt de trap af en trekt zijn jas aan. In zijn jaszak voelt hij de brief van het incassobureau, die vanochtend op de **deurmat** (i) lag. Het is al de derde brief sinds begin dit jaar. Hij is al een half jaar niet meer in het casino geweest, maar de schulden blijven hem **achtervolgen**. Hij weet niet hoe hij al dat geld weer bij elkaar kan krijgen. Zijn vrouw weet van niets en hij **durft** haar niets te vertellen.

In den Niederlanden gibt es an der Haustür oft eine Öffnung mit einer Klappe, die als **Briefkasten** fungiert. Die Post landet dahinter auf dem Boden.

Jan laat zijn hoofd vallen en zucht. Hij doet zijn fiets van het slot en stapt op.
Die 7000 euro is een begin, denkt Jan. Hij had eens zo'n goede avond – toen won hij dat bedrag bij de roulette. Jan was zo blij! Het was het begin van zijn verslaving. Die jongen had pech die avond: hij verloor spel na spel. Jan probeert dat geld al een tijd van die jongen terug te krijgen. Hij heeft het al vaak vriendelijk gevraagd, maar de jongen zegt steeds dat hij het geld niet heeft.
Bij *De gouden kraai* aangekomen, haalt Jan zijn telefoon uit zijn zak. Hij belt Tim, maar die neemt niet op. Hij gaat het café binnen. Hij ziet Tim niet. Hij gaat aan de bar zitten.
'Een biertje graag,' zegt hij tegen het meisje achter de bar.
'Komt eraan!'
Het meisje zet het biertje voor Jan neer.
'Dank je. Ik kom voor Tim, is die er niet?'

Oefening 4: Vervoeg de werkwoorden. **Ergänzen Sie die fehlenden Verbformen (Infinitiv, 3. Person Singular Präsens und 3. Person Singular Imperfekt)!**

1. hebben hij *heeft* hij *had*
2. ________ hij ________ hij *zuchtte*
3. liggen hij *ligt* hij ________
4. weten hij ________ hij *wist*
5. zijn hij ________ hij ________

'Tim? Nee, die heeft vrij vandaag. Hij heeft een feestje op z'n boot. Morgen is hij er weer, geloof ik.'
Als Jan zijn biertje op heeft, staat hij op om te gaan.
'Ik zal hem zeggen dat je hier was, hoe heet je?' vraagt Floor als ze ziet dat Jan weggaat.
'Nee, laat maar. Ik kom morgen wel terug. Bedankt!' Jan steekt zijn hand op, glimlacht en loopt het café uit.
Als hij buiten staat, stuurt hij Tim een berichtje.

Waar ben je? Dacht dat ik duidelijk was! Ik kom morgen terug. Ik weet dat je er dan bent.

Jan stapt op zijn fiets en wil naar huis rijden, als hij terugdenkt aan de woorden van het meisje achter de bar. *Hij heeft een feestje op z'n boot*. Ze bedoelt waarschijnlijk een woonboot. Jan besluit op zoek te gaan naar de boot van Tim. Een feestje moet van ver te herkennen zijn en er zijn niet erg veel woonboten in Groningen. Na een half uur rondfietsen hoort Jan in de verte muziek. Dit moet het zijn, denkt hij. Hij voelt zijn hart bonken en zijn handen zweten.

duidelijk	deutlich, klar
bedoelen	meinen
van ver	*hier*: von weitem
rondfietsen	herumfahren
in de verte	in der Ferne
ϟ verdomd	verdammt
mompelen	murmeln
stoep	Gehsteig
lantaarnpaal	Straßenlaterne
excuus	Entschuldigung
stoer	derb, grob
binnenkort	demnächst
deurwaarder	Gerichtsvollzieher
door elkaar schudden	durcheinanderschütteln
paaltje	kleiner Pfahl
kade	Kai
op tijd	rechtzeitig

'Dat verdomde geld ook altijd,' mompelt Jan in zichzelf. Hij slaat linksaf en fietst in de richting van de muziek. Op de stoep ziet hij een jongen lopen. Het is erg donker, maar Jan denkt Tim te herkennen. Als Tim onder een lantaarnpaal loopt, ziet Jan zijn rode haar.
'Hé!' roept hij.
Tim draait zich om.
'Hé, waarom was jij niet in *De gouden kraai*? Waarom neem je niet op?' Jan pakt Tim bij zijn schouder, als hij niet blijft staan.
Tim kijkt Jan met bange ogen aan.
'I-ik heb het g-geld niet. Ik h-heb het gewoon niet. Het spijt me,' stamelt Tim.
'Ik wil geen excuses!' Jan doet zich stoerder voor dan hij is. Dan denkt hij aan de brieven van het incassobureau. Als hij zijn schulden niet afbetaalt, komt binnenkort waarschijnlijk de deurwaarder.

> Bei der **Steigerung** und dem **Vergleich** muss man im Niederländischen aufpassen, denn das Wort ***als*** bedeutet auf Deutsch *wie* und das Wort ***dan*** bedeutet *als*! Z.B.: *Ik ben groter* ***dan*** *jij* (Ich bin größer *als* du). *Ik ben net zo groot* ***als*** *jij* (Ich bin genau so groß *wie* du).

'Ik kan je iedere maand iets teruggeven. Alleen niet alles in één keer.'
'Ik moet het nú hebben! Ik kan niet meer wachten!' Jan laat zijn fiets vallen. Hij pakt Tim bij zijn schouders en schudt hem door elkaar.
'Wow, rustig!' Tim zet een stap achteruit. Achter hem staat een paaltje op de kade. Tim struikelt erover en valt met zijn hoofd tegen een boot. Hij valt tussen de boot en de kade. Jan kan Tim nog net op tijd bij zijn benen grijpen.

'Shit, shit, shit!' zegt Jan tegen zichzelf. 'Kun je je aan het touw vasthouden?' vraagt hij Tim.
Tim reageert niet; hij is bewusteloos. Jan sleept hem de kade op.

touw	Tau
aangeschoten	angetrunken
frisse neus	*hier*: frische Luft
vreemd	merkwürdig
vervelend	unangenehm

'Hé, waar is Tim eigenlijk? Heb hem al de hele avond niet gezien,' zegt Joost tegen Bas. Ze zijn al flink aangeschoten.
'Geen idee. Hij zei net dat hij even een frisse neus ging halen.'
'Net? Dat was om negen uur. Het is nu bijna drie uur!' zegt Joost, terwijl hij op zijn telefoon kijkt. 'Ik ga hem bellen.'
'Neemt hij niet op?' vraagt Bas, als Joost zijn telefoon weer in zijn zak stopt.
'Nee, vreemd... Is buiten in slaap gevallen zeker, haha.' Joost haalt zijn schouders op. 'Nou ja, die zoeken we morgen wel!'

Oefening 5: Werkwoorden. Lesen Sie weiter und unterstreichen Sie im folgenden Absatz alle 15 Verben!

De volgende dag fietst Floor om half vier 's nachts van het café naar huis. Het was een rustige avond. Tim was er niet, dat is wel raar. Misschien vindt hij het vervelend dat hij gisteravond bij haar thuis was, denkt Floor.

Straks gaat ze Joost vertellen dat ze de **relatie** wil beëindigen. **Daar ziet** ze erg **tegenop**. Maar na gisterenavond moet ze wel. Ze moet hem vertellen over Tim.

Joost ligt in bed als Floor thuiskomt, maar hij slaapt nog niet. Hij leest een boek.
'Hoi! Hoe was het? Druk?'
'Was wel oké, niet zo druk. Tim was er niet, raar hè? Hij reageert ook niet op mijn berichtjes.'
'Daar ook al niet? Thuis is hij ook niet. Misschien is hij naar zijn ouders of zo.'
'Dan zegt hij toch iets. Hij gaat toch niet zomaar weg.'
'Heb je zoveel contact met hem dan? Dat jullie berichtjes sturen...?'
Joost reageert een beetje achterdochtig.
'Nou ja, nee, maar hij komt gewoon niet naar zijn werk. En jij bereikt hem ook niet. Dat is toch raar? Misschien moeten we de politie bellen.'
'Denk je? Hij is toch volwassen? Zo erg kan het niet zijn.'
'Ik weet het niet... ik vind het wel vreemd.'
'Als hij morgen nog niet thuis is, bellen we de politie, oké?'
Joost pakt Floor bij haar hand en trekt haar in bed.

relatie	Beziehung
opzien tegen	mit Befürchtung entgegensehen
of zo	oder so(was)
zomaar	grundlos
achterdochtig	argwöhnisch
bereiken	erreichen
volwassen	erwachsen

'Nu eerst maar eens slapen.' Hij doet het licht uit en slaat een arm om Floor heen. Floor doet het licht weer aan. 'Joost, we moeten praten...'

klap	Schlag
kamer	Zimmer
ineens	plötzlich
kwaad	böse
ϟ eikel	Blödmann, Dreckskerl
luisteren	zuhören
beduusd	verdutzt
ontvoeren	entführen
mogen	dürfen
Huh?	Hä?
liever	lieber
nogal	ziemlich
ϟ jemig	oh, Mann
ϟ zeikerd	Quengler

Bas leest een artikel als Joost met een klap de deur van de boot dichtgooit.

'Verdomme!' schreeuwt Joost en hij loopt direct door naar zijn kamer.

'Alles oké?' vraagt Bas.

'Floor heeft het uitgemaakt. Niet meer verliefd, zegt ze. Ineens, vanuit het niets.' Joost is zo kwaad, dat hij niet hoort dat zijn telefoon gaat. 'En die eikel heeft...'

'Je wordt gebeld...' onderbreekt Bas, als Joost niet opneemt.

Joost pakt zijn telefoon.

'Wie is het?' vraagt Bas.

'Geen idee, het is een anoniem nummer.' Joost neemt op. 'Hallo? Dit is Joost, ja, wie ben jij[i]?' Joost luistert en kijkt Bas verschrikt aan. 'Hoeveel? Eh... Oké. Welk huisnummer zei je?'

> In den Niederlanden **duzt** man sich häufiger und auch schneller als in Deutschland.

Joost hangt op en kijkt een beetje beduusd.

'Bizar verhaal... Tim is ontvoerd. Die man wil geld. We moeten erheen met het geld en mogen de politie niet bellen.'

Oefening 6: Goed of fout? Kreuzen Sie die richtige Aussage an!

1. Tim en Floor zijn collega's in *De gouden kraai.* ☒
2. Freek en Bas zijn huisgenoten van Tim. ☐
3. Jan wil Tim graag ontvoeren. ☐
4. Joost neemt 7000 euro mee naar Tim. ☐
5. Floor maakt het uit met Joost. ☐

'Huh? Ontvoerd? Wat bedoel je? Welke man? Wie was dat aan de telefoon?'
'De ontvoerder, neem ik aan. Ik weet het verder ook niet.'
'Hoeveel geld?'
'7000 euro, zei hij. Hij heeft me een adres gegeven. Kom mee.' Joost pakt zijn jas en staat op.
'Wij hebben dat geld toch niet?'
'Nee joh, we gaan gewoon zonder. Het is niet zo ver, kom.'
Joost doet de deur open en wil naar buiten lopen.
'Maar... wat wil je daar dan doen? Wil je niet liever de politie bellen? Je hebt toch het adres? Misschien heeft hij wel een wapen of zo, weet jij veel! Ik vind dat nogal gevaarlijk.'
'Jemig zeikerd. *Nogal gevaarlijk*!' spreekt Joost Bas na. 'Laten we gewoon kijken wat er aan de hand is. De politie kunnen we altijd nog bellen.'
Bas haalt zijn schouders op en gaat met Joost mee.

3 Vermist

Kort na het vertrek van Joost zit Floor aan haar tafel en probeert te studeren. Ze staart voor zich uit. Joost is heel erg boos. Ze belt hem, maar hij neemt niet op.
Daarna belt ze Tim, maar hem kan ze ook niet bereiken. Hij reageert nog steeds niet op haar berichtjes. Ze is inmiddels echt bezorgd. Het is nu al zondag en sinds vrijdagavond laat hij niks van zich horen. Joost neemt de afwezigheid van Tim niet zo serieus. Hij heeft wel gelijk, dat Tim volwassen is. Maar het duurt nu wel lang.
Floor besluit niet langer te wachten en belt de politie.

Direct na het gesprek met de politie fietst Floor naar het politiebureau. De agent wil liever met haar op het bureau praten dan aan de telefoon.
'Kom binnen, mevrouw... .' De jonge agent kijkt Floor vragend aan en geeft haar een hand.
'Schipper, Floor Schipper. Hallo.' Ze loopt de kamer binnen.
'Inspecteur Toorn is mijn[i] naam.'

Die **Possessivpronomen** im Niederländischen sind: *mijn - jouw - uw - zijn - haar - ons/onze - jullie - hun*. Im Gegensatz zum Deutschen ändern sich die Possessivpronomen nicht, wenn sich der Kasus ändert. Die einzige Ausnahme ist *ons (unser)*, das sich nach Geschlecht des Wortes ändert. *Ons* gehört zu den Wörtern mit dem Artikel *het*, *onze* bekommen die Wörter mit dem Artikel *de*.

Floor knikt. 'Ik ken Tim eigenlijk niet zo goed. Ik hoop dat ik u kan helpen.'
'We zullen het zien, mevrouw. Gaat u zitten.' Hij wijst naar de stoel en gaat zelf aan de andere kant van de tafel zitten. 'Vrijdagavond is Tim **voor het laatst** gezien, klopt dat?'
'Ja, dat klopt.'
'Waar was hij toen?'
Floor **aarzelt** even.
'Bij mij.'
'Hoe laat?' De inspecteur maakt notities.
'Rond elf uur 's avonds. Ik ging toen naar mijn werk en hij ging naar huis. Dat denk ik **tenminste**.'

vertrek	Aufbruch
serieus	ernst
gelijk hebben	recht haben
voor het laatst	zum letzten Mal
aarzelen	zögern
tenminste	zumindest
beseffen	einsehen
stilte	Stille

'Waarom was hij bij u?'
Floor weet niet wat ze moet antwoorden. De inspecteur kijkt op. Hij glimlacht.
'Aha. Hij is bij u blijven slapen – begrijp ik dat goed?'
Floor knikt.
'Op zijn woonboot was er een groot feest. Daar is hij daarna niet meer gezien. En zaterdag was hij niet op zijn werk,' zegt ze snel, om het onderwerp te veranderen. 'We zijn collega's,' voegt ze eraan toe.
'Hoe weet u dat hij niet meer op de boot was? Kent u daar iemand?'
'Ja.' Floor slikt. Ze **beseft** dat ze het hele verhaal moet vertellen. 'Mijn vriend is de huisgenoot van Tim.'
De inspecteur laat een korte **stilte** vallen. Hij schrijft alles op.

'Heeft u enig idee waar hij kan zijn?' vraagt hij vervolgens.
'Ik heb geen idee.'
'Weet u of hij problemen had, met iets of met iemand?'
'Sorry, ik... zoals gezegd ken ik hem niet zo goed. Ik weet eigenlijk niet eens waar hij vandaan komt.'
'Geen probleem. We gaan het onderzoeken. Kunt u ons zijn telefoonnummer geven? En dat van uw vriend?'
Floor knikt en pakt haar telefoon om de nummers op te zoeken.
'Bedankt voor uw komst. Belt u mij alstublieft direct, als u iets nieuws weet. Dit is mijn nummer.' De inspecteur geeft haar een kaartje en opent de deur.

vervolgens	danach
vandaan	her
gek	komisch
bovendien	außerdem
onzeker	unsicher
stiekem	heimlich
wegduiken	(sich) ducken
te binnen schieten	einfallen
zenuwachtig	nervös
immers	ja, schließlich
teamvergadering	Teamversammlung
vanwege	wegen

Floor denkt na over Tim. Gek eigenlijk, dat ze zo weinig over hem weet. Ze werken al twee jaar samen in *De gouden kraai*. Bovendien is Floor vaak op de boot. Al zal dat nu wel voorbij zijn, denkt ze. Tim is altijd erg stil en is meestal niet in de woonkamer, als Floor daar met Joost zit. Tim is erg onzeker, hij staat niet graag in het middelpunt. Floor moet even lachen als ze denkt aan die stiekeme telefoongesprekken die Tim altijd voert. Hij mag eigenlijk niet telefoneren op het werk, maar neemt altijd even de tijd om snel op te nemen. Hij staat dan weggedoken in een hoekje

achter de bar. Hij wil niet dat iemand hem ziet. Floor vraagt zich af met wie hij altijd staat te bellen, zo laat op de avond. Inmiddels gelooft ze niet meer dat het een meisje is.
Als Floor thuiskomt, **schiet** haar **te binnen** dat er vrijdagavond rond twee uur een man voor Tim in het café was. Hij was erg vriendelijk, maar ook een beetje **zenuwachtig**. Misschien moet Floor de politie over hem vertellen, vrijdagavond is Tim **immers** voor het laatst gezien.

Inspecteur Toorn gaat net weer achter zijn bureau zitten na een **teamvergadering**, als de telefoon gaat.
'Politiebureau Groningen Centrum, met Toorn.'
'Hallo, met Floor Schipper, ik was net bij u **vanwege** de vermissing van Tim Rietveld.'

Oefening 7: Vertaling. Übersetzen Sie folgende Sätze!

1. Ja, das stimmt.

   Ja, dat klopt. ______________________________

2. Er hat recht.

   ____

3. Setzen Sie sich.

   ____

4. Verstehe ich das richtig?

   ____

'Hallo mevrouw Schipper. Zegt u het eens.'

'Tim en ik zijn collega's in een café in de stad. Vrijdagavond was er een man die naar Tim vroeg. Tim was die avond niet aan het werk, vanwege het feest.'

'Was er iets speciaals met die man? Waarom denkt u dat het belangrijk is?' vraagt inspecteur Toorn geïnteresseerd.

> Wenn zwei aufeinanderfolgende Vokale getrennt ausgesprochen werden sollen, dann wird der zweite Vokal mit **doppelten Pünktchen** (Trema genannt) gekennzeichnet.

'Nee, niets speciaals. Ik vind het alleen raar dat hij Tim blijkbaar kent, maar niet weet dat hij niet aan het werk is. Hij was ook veel ouder dan Tim.'

Oefening 8: Bezit. **Schreiben Sie die richtigen Possessivpronomen dazu!**

1. Dat is de boot van de vermiste jongen.

   Dat is ___*zijn*___ boot.

2. Dat is het bureau van Floor.

   Dat is __________ bureau.

3. Is dit telefoonnummer van u?

   Is dit __________ telefoonnummer?

4. Dit nummer is van mij.

   Dit is __________ nummer.

'Hoe oud?'

'Ik schat 50, zoiets. Het was donker, natuurlijk. Niet zo goed te zien.' Floor probeert zich details van het gesprek te herinneren.

'Bedankt. Verder weet u niets van hem? Naam, contactgegevens?'

'Nee, sorry. Hij is eigenlijk meteen weer weggegaan. Ik heb geen idee of het iets met de vermissing te maken heeft.'

'We nemen het mee, bedankt, mevrouw Schipper.'

'Geen probleem. Dag.'

contactgegevens *pl*	Kontaktdaten
bel	Klingel

'Momentje. Heeft u nog het adres van Tim voor ons? We kunnen uw vriend Joost niet bereiken.'

'Ja. De boot ligt aan het Hoendiep. Huisnummer 1009.'

'Dank u wel. Tot horens.' Inspecteur Toorn hangt op en staat direct op. Hij loopt naar zijn collega.

'Ga je mee naar de boot van die vermiste jongen? Even kijken of we daar wat kunnen vinden.'

'Ja, prima. Laten we gaan,' antwoordt de agente.

Tot horens (Auf Wiederhören) ist eine Variante des **tot ziens** (Auf Wiedersehen), die vom Verb *horen* abgeleitet wurde. Seit einigen Jahren gibt es auch die etwas neuere Variante **tot mails.**

De agenten lopen van de straat over het plankje naar de boot. Er is geen bel, ze kloppen aan. Niemand doet de deur open.

'Goedemiddag, kunt u de deur open doen? We zijn van de politie!'

Oefening 9: Tegenstellingen. Wie lautet das Gegenteil der folgenden Begriffe? Ordnen Sie zu!

1.	*d* weggaan	a) gewoon
2.	☐ speciaal	b) zoeken
3.	☐ vinden	c) alles
4.	☐ niets	d) komen

Inspecteur Toorn loopt over de boot en kijkt door het raam. 'Ik geloof dat er niemand thuis is.'

'Zie je iets bijzonders?' vraagt zijn collega.

'Hmm, nee. Het is een beetje een rommeltje[i], maar dat is niet zo opvallend voor een studentenwoning...' Inspecteur Toorn kijkt nog even rond en loopt dan weer terug naar de ingang. 'Laten we teruggaan naar het bureau. Hier worden we helaas niet veel wijzer van.'

De telefoon van inspecteur Toorn gaat.

'Het bureau,' zegt hij tegen zijn collega en hij neemt op. 'Met Mark.' Hij pakt een papiertje uit zijn borstzak. 'Oké, wat is het adres? En wat is de naam, zeg je?' Hij schrijft een aantal dingen op.

> Niederländer verwenden in ihrer Sprache sehr gerne **Verkleinerungsformen:** z.B. *biertje, berichtje, rommeltje, papiertje* usw. Dies ist oft nicht als Verniedlichung oder Verkleinerung gemeint, sondern kann auch bei Geringschätzung, Abwertung oder auch bei Sympathie und Abmilderung verwendet werden.

'Ze weten waar Tim Rietveld is. Zijn huisgenoot heeft net het bureau gebeld. We moeten er snel heen, de situatie dreigt uit de hand te lopen,' vertelt inspecteur Toorn aan zijn collega.

De agente knikt instemmend en pakt de autosleutels uit haar zak.

raam	Fenster
rommeltje	Durcheinander
opvallend	auffällig
helaas	leider
wijs	klug
borstzak	Brusttasche
dreigen	drohen
uit de hand lopen	außer Kontrolle geraten
instemmend	zustimmend

4 Gijzelaarslaan 104

'Nummer 104, hier is het,' zegt Joost tegen Bas. Hij stapt van zijn fiets.
'Ga jij maar,' zegt Bas een beetje zenuwachtig. 'Ik wacht hier wel even, oké?'
'Natuurlijk niet, angsthaas. Je bent toch niet voor niks meegefietst.' Joost blijft staan en wacht net zo lang tot Bas zijn fiets tegen het **hek** zet.
'Ik vind het een dom idee. We hebben het geld niet en voor je het weet zitten wij ook in de kelder vast.'
'Hahaha,' lacht Joost. 'In de kelder... Je kijkt te veel televisie, man.'
'Laten we toch de politie bellen. Gewoon, **voor het geval** dat.'
'Je weet toch wat hij gezegd heeft: *geen politie*!' zegt Joost een beetje **geïrriteerd**.
'Ja, hij zei ook dat we 7000 euro moesten meebrengen...'
'Nou ja, doe wat je wilt. Ik ga naar binnen.'

gijzelaar	Geisel
hek	Zaun
voor het geval	für den Fall
geïrriteerd	verärgert
voordeur	Haustür
voordat'	bevor
uitzoeken	aussuchen
oprit	Auffahrt
buurman	Nachbar
zwaaien	winken
in de lach schieten	in Lachen ausbrechen
al	*hier*: wenn auch
plezier	Spaß

Joost draait zich om en loopt naar de voordeur.
'Bartels,' leest Joost het bordje voor, dat aan de deur hangt.
Voordat Joost op de bel drukt gaat de deur open. Er staat een grote man in de deuropening.
'Ben jij de man die Tim hier heeft?' vraagt Joost direct.
De man wacht tot Joost voor hem staat.
'Heb je het geld?' vraagt hij zonder antwoord te geven op Joosts vraag.
'Wat vindt je vrouw er eigenlijk van dat je een studentje hebt ontvoerd?' Joost wijst naar de orchideeën achter het raam. 'Die heb je toch niet zelf uitgezocht, of wel?'
Er rijdt een auto de oprit van de buurman op.
'Hoi Jan! Alles goed? Wanneer komt Rita terug?' De buurman van Jan Bartels stapt uit zijn auto.
Jan zwaait en glimlacht.
'Alles prima, hoor! Morgenmiddag komt ze weer.'
'Vanavond een biertje drinken en voetbal kijken? Of heb je al plannen?' De buurman kijkt naar Joost en Bas. Ze groeten elkaar.
'Ja, ik heb al plannen. Mijn neefjes[i] uit Rotterdam zijn op bezoek.'
Joost schiet in de lach. De buurman lacht mee, al weet hij niet waarom.
'Nou eh... veel plezier dan, hè.'
'Dank je, doei!' zegt hij tegen de buurman. 'Kom even naar binnen,' zegt hij tegen Joost

> Im Niederländischen wird zwischen **Cousin** und **Neffe** kein Unterschied gemacht. Beide Familienmitglieder heißen *neef*. Oft wird allerdings für die Neffen die Verniedlichung *neefje* verwendet. Für die Cousinen/Nichten gilt dasselbe: sie heißen *nicht* oder *nichtje*.

en hij kijkt daarna naar Bas, die nog steeds bij zijn fiets staat. 'Jij ook.'

Als ze binnen zijn, vraagt Joost meteen waar Tim is.

'Eerst het geld.'

'Leeft hij nog?'

'Ja, natuurlijk leeft hij nog. Ik wil alleen maar mijn geld. Ik wil geen **gezeik**. Je hebt toch niet de politie gebeld, hè?'

'Bewijs het. We willen eerst Tim terug, dan krijg jij je geld.'

Joost wijst naar zijn jaszak, zodat Jan denkt dat het geld daar in zit. 'Waar is hij?'

Bas **voelt zich niet** erg **op zijn gemak**, maar de man **lijkt** niet gevaarlijk.

'Goed dan.' Jan kijkt Joost en Bas aan. 'Maar direct daarna krijg ik mijn geld. En dan gaan jullie drie gewoon weer naar huis en hebben we het er nooit meer over. Met niemand,' zegt hij met nadruk.

Oefening 10: Vraagwoorden. Setzen Sie das richtige Fragewort ein!

Wie Waar Wanneer Wat Waarom

1. *Wat* vindt je vrouw daarvan?
2. ______ neem je niet op?
3. ______ is Tim?
4. ______ was dat aan de telefoon?
5. ______ komt Rita terug?

'Ja, ja, met niemand,' reageert Joost ongeduldig.
Bas wordt zenuwachtig. Wat doet de man als hij merkt dat ze het geld niet hebben?
Jan loopt de trap op en de twee huisgenoten lopen achter hem aan. Jan pakt een sleutel uit zijn broekzak en opent een deur. Het is een vrij kleine kamer met een bed en een klein bureau. Tim ligt op het bed. Hij wordt wakker als de deur open gaat. Joost gaat als eerste naar binnen. Achter hem loopt Bas.
'Hé!' Tim glimlacht. 'Komen jullie me halen?'

ϟ gezeik	Faselei, Genörgel
zich niet op zijn gemak voelen	sich nicht wohl fühlen
lijken	scheinen
vrij	*hier*: ziemlich
het spijt me	es tut mir leid
fout	Fehler
koel	kühl
ϟ klootzak	Arschloch

'Alles oké, Tim? Heb je te eten gekregen? Je ziet er moe uit,' zegt Bas.
'Ja, alles in orde. Ik wil naar huis. Ik heb het geld niet.' Tim kijkt naar Jan, die in de deuropening staat. 'Het spijt me echt, ik heb het gewoon niet. Ik ben zo dom geweest om naar het casino te gaan. De grootste fout in mijn leven.'
Jan zucht. 'Je vrienden hebben het geld. Daarna ga je naar huis en is het voorbij. Oké?' Jan kijkt naar Joost en steekt zijn hand voor zich uit. 'Geef me het geld en ga.'
'Ik heb geen geld voor je,' zegt Joost koel.
Bas zet een stap achteruit.
'Ik ben alleen gekomen om even met Tim te praten. Hij regelt het zelf maar met dat geld. Je mag hem hier houden, de klootzak.'

'W-wat? Klootzak?' Tim kijkt omhoog naar Joost, die nu voor hem staat.
'Sta op!' schreeuwt Joost tegen Tim. Tim staat langzaam op. Joost geeft hem een **duw**, waardoor Tim op het bed valt.
'Sta dan op!' schreeuwt hij nog eens.
'Wat is er nou?' vraagt Tim.
'Joost, doe eens rustig!' Bas pakt Joost bij zijn schouder. Joost slaat Bas' hand weg en kijkt hem aan.
'Floor is vreemdgegaan,' zegt hij tegen Bas. 'En raad jij eens met wie!'
'Wat...? Toch niet...?' Bas kijkt naar Tim, die nog steeds op het bed zit.
Tim staat op en doet zijn handen omhoog.
'H-het spijt me. Sorry Joost, het gebeurde gewoon. Ze vertelde dat ze het wilde uitmaken en toen...'
'En toen sprong jij er maar meteen **bovenop**?'
'Het was fout, dat weet ik wel.'
'Jij maakt wel veel fouten, hè? Je geld **vergokken** in het casino, je vrienden **belazeren**...' Joost zet een stap dichterbij.
Bas loopt de kamer uit. Hij pakt zijn telefoon uit zijn zak. Jan Bartels staat op de gang. Het zweet loopt over zijn wang.
'Eh... Wat doe je? Je gaat toch niet bellen?' vraagt hij Bas voorzichtig.
'Sst! Ik ga bellen. Joost kan... best agressief worden.' Bas kiest het nummer van de politie.

duw	Stoß
bovenop	hinauf, obendrauf
vergokken	verspielen
ϟ belazeren	bescheißen

In de logeerkamer van Jan Bartels pakt Joost Tim bij zijn schouders. Hij schudt hem door elkaar. Tim vermant zich en duwt Joost van zich af.

'Je hebt niet genoeg je best gedaan,' zegt Tim uitdagend. Hij wil Joost laten zien dat hij geen sukkel is. 'Ze wil je niet meer, dat is je eigen schuld. Daar kan ik niks aan doen.'

'Hou je mond!' Joost wordt steeds kwader.

'Zo'n leuk en lief meisje en je verpest het. Dom hoor.'

'Geen woord over Floor. Hou je mond over haar!'

'Het was niet de eerste keer,' liegt Tim.

'Wát zeg je?'

'Achter de bar van *De gouden kraai*, in de kleine kamer. Op de boot, als je er niet was...' schept Tim op.

Joost slaat Tim met zijn vuist in zijn gezicht. Tim valt tegen de muur.

logeerkamer	Gästezimmer
vermannen	sich zusammenreißen
van zich afduwen	von sich wegstoßen
uitdagend	provozierend
verpesten	verderben
liegen	lügen
opscheppen	prahlen
vuist	Faust
vuil	dreckig, mies
vies tegenvallen	*hier*: saumäßig frustrieren
nagaan	sich denken

'Je liegt! Vuile hond!' schreeuwt Joost.

Tim staat op en duwt Joost zo hard, dat hij bijna valt.

'Je denkt dat je alles bent, hè? Veel vrienden, leuk meisje, ieder jaar een nieuwe telefoon...' Tim lacht. Wat voelt het toch goed om ruzie te maken met Joost! 'Valt dan vies tegen zeker, als je vriendin er met een ander vandoor gaat? En dan nog wel met mij! Met dat sukkeltje! Zo erg was het dus om met jou samen te zijn, kun je nagaan.'

Joost pakt Tim bij zijn keel.
'Jij miezerig klein kereltje, ik kan je wel wat aandoen!' Joost heeft een knalrood hoofd en de tranen staan in zijn ogen.

De bel gaat.
'Opendoen! Politie!' Inspecteur Toorn bonkt op de deur.
'Als u niet opendoet trappen we de deur in!'
Twee seconden later gaat de deur met een klap open.
Jan Bartels komt de trap af.
'Ik heb niks gedaan. Ik-ik... ik wilde alleen mijn geld.'
'Wie bent u?' vraagt de agente.
'Waar is Tim Rietveld?' vraagt inspecteur Toorn.
'B-boven. In de logeerkamer.'
Jan trilt. Hij veegt het zweet van zijn voorhoofd. 'Ik ben Jan Bartels,' zegt hij als de agente hem vragend aankijkt.

miezerig	mickrig
kereltje	*hier*: Versager
bonken	*hier*: hämmern
intrappen	eintreten
voorhoofd	Stirn
grond	Boden
lichaam	Körper
levensloos	leblos
handboei	Handschelle
riem	Gürtel

Inspecteur Toorn staat boven. Bas zit in de gang met zijn handen in zijn haar. Joost staat voor de logeerkamer. De deur is halfopen.
'Wie heeft ons gebeld?' vraagt inspecteur Toorn.
'Ik,' zegt Bas voorzichtig.
'Ben jij Tim?' vraagt de inspecteur aan Joost.
'Nee, Tim is... Tim is hier.'
Joost doet langzaam de deur open.
'Tim is dood!' schreeuwt Bas. 'Hij daar, hij heeft hem vermoord! Neem hem mee!'

Oefening 11: Vertaling. Übersetzen und enträtseln Sie das Lösungswort!

1. leider H E L [A] A S
2. verärgert [ ] _ _ _ _ _ _ _ _ _ _
3. Fenster [ ] _ _ _
4. Klingel _ [ ] _
5. zustimmend _ _ [ ] _ _ _ _ _ _ _
6. Brusttasche _ _ _ [ ] _ _ _ _
7. winken _ _ _ _ [ ] _ _
8. scheinen _ _ _ _ [ ] _
9. Fehler [ ] _ _ _

Lösung: [A] [ ] [ ] [ ] [ ] [ ] [ ] [ ] [ ]

In de logeerkamer ligt Tim op de **grond**. Zijn hals is rood. Zijn **lichaam** is **levenloos**.

'Neem me maar mee...' zegt Joost. Hij laat zijn schouders hangen.

De agente kijkt inspecteur Toorn vragend aan. De inspecteur loopt naar Tim en voelt zijn pols. Hij kijkt de agente aan en knikt. De agente haalt de **handboeien** van haar **riem**.

'U staat onder arrest voor de verdenking van de moord op Tim Rietveld. U heeft het recht om te zwijgen. Alles wat u zegt kan en zal tegen u gebruikt worden in een eventuele rechtszaak.' De agente klikt de handboeien vast en loopt met Joost de trap af. Inspecteur Toorn belt het bureau.

'We hebben Tim Rietveld gevonden. We waren te laat.'

rechtszaak   Prozess

De dood en de haring

Jacob Jansen

1 Groene haring

In een rijtjeshuis klinkt een hels kabaal. Een kind krijst, een hond blaft en een vrouw gilt: 'Aernout!'
Te laat. Er vliegt iets groens door de lucht. Begeleid door de harde lach van een kind.

De zon schijnt. Het is prachtig juniweer. Uitstekend haringweer. Het waait een beetje. Een vlag wappert, het touw tikt hard tegen de vlaggenmast. Dit klinkt als muziek in de oren van Trijntje. Al vijfenvijftig jaar[i] brengt zij elke zomer twee weken aan de kust door. Ze heeft opnieuw een appartementje in een van de lelijke flatgebouwen aan de kust van Scheveningen[i] gehuurd. Maar Trijntje kijkt door alle veranderingen van de laatste vijf decennia heen. In de zomer is zij weer het kind van tien dat met mama en papa op vakantie is. Zij maakt elke dag een lange

> Nach einer **Zahl** oder nach *hoeveel* und *een paar* bilden die Wörter *jaar*, *euro*, *cent*, *kwartier*, *uur* keinen Plural.

> **Scheveningen** ist circa 6 km vom Zentrum von Den Haag entfernt und besonders bekannt durch sein weitläufiges Seebad und seinen Fischerei-Hafen. Angeblich ist der Hering nirgends so gut und frisch wie in Scheveningen. Der Fisch hat hier langjährige Tradition, wie man auch an dem Wappen der Stadt sehen kann: Es besteht aus drei Heringen.

rijtjeshuis	Reihenhaus
hels	höllisch
kabaal	Krach
krijsen	schreien, kreischen
prachtig	prächtig
uitstekend	ausgezeichnet
waaien	wehen
touw	Seil
opnieuw	*hier*: wieder einmal
lelijk	hässlich
flatgebouw	Wohnanlage
decennium	Jahrzehnt
kraam	Verkaufsstand
hardop	laut
mogen	dürfen
beseffen	begreifen, einsehen
versieren	schmücken
eens	einmal
nieuwe haring	Matjes
jazeker	jawohl, sicher

strandwandeling en ze eet elke dag een haring bij de **kraam** die er al zo lang staat als zij zich kan herinneren. Ze vraagt bijna **hardop**: 'Papa, **mag** ik een haring?' Maar zij **beseft** dat ze dat niet meer kan doen.

> Bei manchen **Substantiven**, die auf -g + vorausgehenden kurzen Vokal enden, verdoppelt sich in der Verkleinerungsform das -g.
> Z.B.: *de vlag - het vlaggetje*.

Ze gaat naar de mobiele verkoopkraam die helemaal in het rood-wit-blauw **versierd** is: vlaggetjes[i], lampjes en plastic visjes.

> Die ersten Heringe werden im Juni gefangen und in den Hafen von Scheveningen gebracht. Der Beginn der **Heringssaison** im Juni wird in Scheveningen alljährlich mit einem Fest, dem *Vlaggetjesdag*, gefeiert. In den Niederlanden ist der Hering neben dem Käse ein beliebtes Nahrungsmittel.

'Goedemiddag, Jos. Hoe is het?'

'Hoi, Trijntje, ben je er weer?'

'Ja, hoogste tijd om weer **eens** een haring te proeven. Is de **nieuwe haring**[i] er al?'

'**Jazeker**, sinds vorige week.'

'Geef me er dan maar twee.'

Oefening 1: Tegenstellingen. **Wie lautet das Gegenteil der folgenden Adjektive? Ordnen Sie zu!**

1.	c mooi	a) kort
2.	hard	b) langzaam
3.	lang	c) lelijk
4.	nieuw	d) zacht
5.	snel	e) oud

De vrouw neemt het bordje met vis in ontvangst. Ze neemt een houding aan alsof ze in de ring moet gaan boksen. Ze gaat wijdbeens staan en plaatst haar rechterhand in haar rug. Het lijkt wel of ze een aanval moet afweren. Met twee vingers van haar linkerhand pakt ze de vis bij zijn staart en 'doopt' hem in de gesnipperde uitjes. Dan legt ze haar grote hoofd in haar nek en beweegt haar linkerhand naar boven. Haar arm en hand lijken samen een kraan te vormen. Daarna laat ze haar arm met de vis langzaam zakken. Ze opent haar mond en steekt haar tong uit. De arm daalt verder en een deel van de vis bevindt zich nu in haar mond. Nu neemt ze een hap van de haring. Ze kauwt, slikt en kijkt gelukkig[i].

'Mmm, altijd weer lekker!'

Traditionsgemäß isst man den in gehackte Zwiebelstücke getunkten **Hering** am Stück und mit den Fingern an der Schwanzflosse gepackt. Dann lässt man ihn von oben genüsslich in den Mund gleiten.

'Natuurlijk,' zegt Jos en lacht. 'Ik wist nog een **partijtje** van Quispel **op de kop te tikken**. Hij heeft dit jaar de nationale haringtest gewonnen. Ja, Quispel heeft dit jaar de beste haring.'

'Dat mag ook wel. Hij is alweer duurder geworden. Toen ik hier vijftig jaar geleden kwam...'

'Maar Trijntje. Vijftig jaar! Dat is een heel leven!'

'Nou en? Voor een Nederlander is haring een **basisbehoefte**. **Net** als water en brood. Dat mag niet duurder worden.'

'En waar moet ik dan van leven? Wat denk je wat zo'n standplaats op de **kade** van Scheveningen kost?'

'Ik heb niet de indruk dat je honger **lijdt**.'

bord	Teller
wijdbeens	breitbeinig
rug	Rücken
lijken	scheinen
wel	*hier*: geradezu
staart	Schwanz
dopen	*hier*: eintunken
snipperen	kleinschneiden
uitje	kleine Zwiebel
nek	Nacken
tong	Zunge
slikken	schlucken
partijtje	*hier*: Portion
op de kop tikken	ergattern
basisbehoefte	Grundbedürfnis
net	*hier*: genau
kade	Kai
lijden	leiden

Jos en Trijntje kennen elkaar al twaalf jaar. Voor die tijd was de kraam van de oom van Jos. Die is ook alweer vijf jaar dood.

'Is er iets bijzonders dit jaar?'

'Nu je het zegt, Trijntje. Carel Quispel heeft een groene haring[i] gecreëerd.'

Unter **grünem Hering** versteht man normalerweise nicht eingelegte Heringe. Grün ist im Sinne von frisch und unreif zu verstehen.

'Groene haring. Dat mag toch niet meer. **Vanwege** de **haringworm**.'
'Nee, geen echte. Het is iets heel bijzonders.'
'Nou, laat maar eens zien.'
'Maar hij kost wel vijftien euro.'
'Nou, dat **heb** ik er wel **voor over**.'
Jos verdwijnt onder de toonbank en haalt een **blikje** tevoorschijn.

vanwege	wegen
haringworm	Fadenwurm
overhebben voor	hergeben für
blikje	Dose
verbaasd	erstaunt
bloedserieus	toternst
moleculaire keuken	Moleku-larküche
ϟ trut	Zicke, Schnepfe

'Dat is het?' Trijntje kijkt **verbaasd**.
Jos maakt het blikje open. Trijntje ziet iets groens glibberen. Hij doet de inhoud voorzichtig op een bordje en legt gesnipperde uitjes en peterselie rond de vis. Hij stapt uit zijn kraam, speelt ober, legt een opgevouwen servet op zijn arm en brengt het bordje met een **bloedserieus** gezicht naar Trijntjes tafel.
Samen kijken ze naar de vis.
'Het is een product van de **moleculaire keuken**. Quispel experimenteert ermee. Hij vindt dat er een moderne versie van de traditionele haring moet komen.'
Trijntje kijkt sceptisch.
'Vind je hem zelf ook lekker?'
'Je weet toch dat ik niet van vis houdt!'
'Vooruit maar. Ik wil niet dat iemand zegt dat ik een nostalgische **trut** ben.'

Oefening 2: Maak combinaties. **Bilden Sie zusammengesetzte Begriffe!**

1. [c] rijtjes — a) wandeling
2. [ ] strand — b) gebouw
3. [ ] zomer — c) huis
4. [ ] flat — d) vakantie

Trijntje pakt de lepel. Ze duwt hem in het zachte weefsel en brengt de lepel met de groene haring naar haar mond. Ze neemt een hap. Het spul ligt op haar tong. Met grote ogen kijkt ze Jos aan.

Ze kauwt.

Ze slikt.

'Goh,' zegt ze. 'Dat is lekker. Ik heb nog nooit zoiets lekkers gegeten.'

Ze wil een tweede hap nemen. Ze lijkt te aarzelen. Ze kijkt Jos met nog grotere ogen aan, opent haar mond en grijpt naar haar keel. Haar ogen draaien weg en ze valt als een gevelde boom langzaam achterover.

lepel	Löffel
weefsel	Gewebe
spul	Zeug, Sachen
aarzelen	zögern
keel	Kehle
gevelde	gefällter
achtergrond	Hintergrund
gemompel	Gemurmel

Op de achtergrond klinkt zacht gemompel. Het licht is gedimd. De muziek is vermoedelijk smooth jazz. De obers dragen lange schorten en staan geduldig aan de kant. Het interieur is **kaal**. *De Haai* is momenteel het duurste en het beste restaurant van de stad. Wie er wil eten, moet reserveren – en veel geld hebben. Tegen een muur van het restaurant staat een groot aquarium. Het straalt een geheimzinnig licht uit. Het lijkt alsof je onder water bent. De vissen – mooie exotische vissen – zwemmen rustig heen en weer.

Opeens klinkt er een harde **klap**. Glazen **rinkelen**.

Daarna is het doodstil.

Niemand verroert zich. De obers staan **onthutst** te kijken naar tafel 23, direct voor het aquarium.

Een vrouw begint te **gillen**. **Steeds** harder. Haar gezicht is **spierwit**. Haar mond staat wijd open. De paniekerige blik van de vrouw is gericht op haar **echtgenoot** Ton Kapzijn met wie zij sinds tweeëntwintig jaar samenleeft. Hij heeft haar net verteld dat hij haar gaat verlaten. Ze kijkt naar zijn hoofd. Zijn hoofd ligt op een bord.

Na een eindeloze **stilte** verschuift iemand een stoel. **Opeens** is er heftige **commotie**. Een man rent naar de tafel – ook andere gasten springen nu op. Eén van de obers pakt

kaal	*hier*: karg, sparsam
klap	Schlag
rinkelen	klirren
onthutst	verdutzt, betroffen
gillen	kreischen
steeds	immer
spierwit	kreidebleich
echtgenoot	Ehemann
stilte	Stille
opeens	auf einmal
commotie	Aufregung
verwrongen	verzerrt
schuim	Schaum
drukte	Wirbel, Tumult
beschaafd	kultiviert
wandelen	spazieren

een servet en drukt die razendsnel op de mond van mevrouw Kapzijn. Hij moet ten koste van alles een eind maken aan haar gegil.
De man, misschien is hij dokter, zet Kapzijn rechtop. Hij kijkt naar het verwrongen gezicht. Rond de mond is schuim te zien. Dan schudt hij zijn hoofd.
De man is dood.
De resten van zijn laatste maaltijd liggen nog op het bord: het is iets groens.
De drukte die nu volgt, vormt een groot contrast met de beschaafde rust van een paar minuten geleden.
De man, inderdaad een dokter, zegt tegen de chef van het restaurant: 'De man heeft schuim op zijn lippen. Het lijkt op een vergiftiging.'

Oefening 3: Goed of fout? Kreuzen Sie die richtigen Aussagen an!

1. Trijntje wandelt eerst met haar hond op het strand en gaat dan een haring eten. ❐
2. Trijntje overlijdt door het eten van een doodnormale haring. ❐
3. Restaurant *De Haai* staat bekend om zijn uitstekende maaltijden en hoge prijzen. ❐
4. Ton Kapzijn wil zijn vrouw verlaten. ❐

De chef wordt bleek.
'Een visvergiftiging?'
'Nee, het moet iets anders zijn. U moet de politie bellen.'
Binnen een kwartier verandert het rustige sterrenrestaurant in een bedrijvige marktplaats. Het gedimde licht maakt plaats voor fel schoonmaaklicht. Tientallen mensen lopen in grote haast heen en weer. De dode wordt op een brancard weggebracht.

Achtung **falscher Freund!**
Bellen im Niederländischen heiβt auf Deutsch anrufen. Der Wecker *rinkelt* (rinkelen - klingeln) und der Hund *blaft* (blaffen - bellen).

De ambtenaren van de NVWA, de Nederlandse Voedsel- en Warenautoriteit, nemen proeven van het bord en verdwijnen in de keuken. De lijkschouwer zit aan een tafel te schrijven. Hij stelt hetzelfde vast als de arts die te hulp schoot: dood door vergiftiging.
Naast hem staat een vrouw van ongeveer vijfendertig jaar. Ze is klein en tenger. Zij leest over zijn schouder mee.
'Dood door vergiftiging. Dat betekent dat de officier van justitie gaat aandringen op een sectie.'
'Maarten en Daniël?' Twee mannen draaien hun hoofd in haar richting. De ene is

bleek	blass
bedrijvig	geschäftig
tientallen *pl*	Dutzende
brancard	Bahre
lijkschouwer	Leichenbeschauer
hetzelfde	das Gleiche, dasselbe
te hulp schieten	zu Hilfe eilen
tenger	schmächtig, zierlich
schouder	Schulter
officier van justitie	Staatsanwalt
sectie	Obduktion

lang, dun en blond, de andere klein, **gezet** en kaal. Beiden zijn nog **vrij** jong.

'Ja, Rosalie?'

'Kwam er vanmiddag niet ook een melding binnen van een dode vrouw bij een **haringtent**?'

Maarten **knikt**.

'Willen jullie dat even **uitzoeken**? Ik ga naar huis. Het is één uur. Ik ben moe. We zien elkaar morgen om acht uur op het **hoofdbureau**.'

Maarten en Daniël kijken elkaar aan en **zuchten**.

Rosalie Vroegindewei gaat naar de ingang. Niet elegant, ze **waggelt** een beetje. Buiten blijft ze even staan en kijkt naar de lucht. Het is een heldere nacht, de maan is vol, het is, kortom, een perfecte zomernacht.

gezet	untersetzt, korpulent
vrij	*hier*: ziemlich
haringtent	Heringsstand
knikken	nicken
uitzoeken	nachgehen, herausfinden
hoofdbureau	Polizeipräsidium
zuchten	seufzen
waggelen	wanken

2 Dood door schuld

Rosalie Vroegindewei zit in de trein van Amsterdam naar Den Haag. Ze kijkt uit het raam. De lucht is prachtig. Kogelronde witte[i] wolken staan boven even kogelronde boomkruinen. Het wit van de wolken lijkt wel sneeuw. De onderkant van de wolken is merkwaardig plat en donkergrijs. Tussen de wolken zijn blauwe flarden te zien. Geen wonder dat er op Nederlandse schilderijen uit de zeventiende eeuw zo vaak luchten te zien zijn. Alles is groen: de bomen, het gras en de struiken. De huizen zijn bijna allemaal hetzelfde: knusse, schone huisjes. Roodbruine bakstenen met witte kozijnen. Het hele land is groen en roodbruin, en op de groene weilanden staan zwart-witte koeien[i]. Wie met de trein door Nederland reist, krijgt altijd koeien te zien. Het maakt niet uit of je vanuit de Rand-

> Die **Farbbezeichnungen** sind im Niederländischen ähnlich wie in der deutschen Sprache: *rood*, *groen*, *blauw*, *geel* (gelb), *grijs*, *zwart*, *wit*, *bruin*, *oranje* und *zilver*. Aber kennen Sie auch *paars* (lila), *goud* (golden), *lichtblauw* (hellblau) und *donkergrijs* (dunkelgrau)?

> *De koe* hat eine **unregelmässige Pluralform:** *de koeien*. Ebenso unregelmäßig sind: *de stad* (Stadt) - *de steden*, *het schip* (Schiff) - *de schepen*, *het kind* - *de kinderen*, *het ei* - *de eieren*.

stad of Noord-Nederland vertrekt – binnen de kortste keren zie je een koe.

Ik ben benieuwd wat voor invloed dat op ons leven heeft, denkt Rosalie. Misschien zijn we tevredener, rustiger, bescheidener dan mensen in andere landen. Ik ben blij dat mijn kind in dit land gaat opgroeien. Dromerig streelt zij met een hand over haar buik. Ze is in de vijfde maand zwanger.

'Je hebt gelijk,' met deze zin ontvangt Maarten Rosalie op het hoofdbureau. 'Gisteren is er een vrouw bij een Scheveningse haringkraam gestorven.'

'Gif?'

'Ja.'

'Goedemorgen.' Daniël komt met energieke stappen het kantoor binnen. 'Ik heb hier het bericht van een dode kat.'

Rosalie en Maarten kijken Daniël verbaasd aan.

'Dood door gif.'

'Kom nou, Daniël. Dat is niets bijzonders. Katten vreten muizen (i) of aas.'

raam	Fenster
even	*hier*: ebenso
flard	Fetzen
schilderij	Gemälde
eeuw	Jahrhundert
struik	Busch, Strauch
knus	gemütlich
kozijn	Fensterrahmen
vertrekken	abfahren
binnen de kortste keren	in kürzester Zeit
invloed	Einfluss
blij	froh
opgroeien	aufwachsen
dromerig	verträumt
gelijk hebben	recht haben
stap	Schritt
muis	Maus

Zur Wiederholung: Wenn im Singular ein **Substantiv mit -s** endet und davor zwei Vokale stehen, dann wird das -s im Plural durch -zen ersetzt. Z. B.: *muis - muizen*.

'Ja, maar deze kat heeft een bijzonder haringgerecht gegeten!' Het sectierapport over de dode man in het restaurant komt binnen.
'Dood door schuld,' leest Rosalie hardop voor. 'Dus geen voedselvergiftiging.'
'Rattengif!' Maarten staat naast Rosalie en wijst op de twee uitslagen die naast elkaar op tafel liggen. 'Hetzelfde gif als bij de vrouw van de haringkraam. Ook hier een bijzondere samenstelling. Er zit cyaankali bij. Iemand wilde absoluut zeker zijn.'
'Daniël, wil je ook meedenken of wil je de hele dag op je stoel blijven wiebelen en uit het raam kijken?'
'We moeten erachter komen wat de drie gevallen met elkaar te maken hebben. En snel ook. Er mogen niet nog meer doden vallen,' zegt Daniël.

dus	also
wijzen	zeigen
samenstelling	Zusammensetzung
wiebelen	schaukeln
taak	Aufgabe
eigenaar	Besitzer
ruiken	riechen
deftig	vornehm
sieraad	Schmuck
uitbundig	*hier*: pompös
kapsel	Frisur

'We gaan de taken verdelen. Jullie gaan nog een keer naar het restaurant *De Haai* en daarna naar de haringkraam in Scheveningen. Dat ligt op de route. Ik ga naar de eigenaar van de dode kat. Ik wil nu even geen vis ruiken.'

'Deftig, hè?' Maarten kijkt Daniël aan. 'En altijd lekker eten. Zou dat niets voor jou zijn? Chef van een restaurant?'
'Kan ik u helpen?' Een goed geklede vrouw met veel sieraden, veel make-up en een uitbundig kapsel ontvangt hen.

Oefening 4: Voornaamwoorden. **Ersetzen Sie die fett gedruckten Wörter durch Pronomen!**

1. Trijntje kijkt **Jos** met grote ogen aan.

   Trijntje kijkt hem met grote ogen aan.

2. **De man** is dood.

   ____

3. **Twee mannen** draaien hun hoofd in haar richting.

   ____

4. Ik ben blij dat **mijn kind** hier gaat opgroeien.

   ____

'Ja, wij zijn van de politie en hebben nog een paar vragen. Is uw man er ook?'
'Nee, hij is thuis. U **begrijpt** dat het een grote schok is. Een dode in het restaurant is geen goede reclame.'
'We hebben de resultaten van het lab,' zegt Maarten **terwijl** hij Daniël **nakijkt** die door het restaurant loopt.
'De dode is door rattengif gestorven. Heeft u hier ratten?'

begrijpen	verstehen
terwijl	während
nakijken	nachsehen
taart	Torte

De vrouw geeft geen antwoord en kijkt naar Daniël. Hij staat voor de vitrine met **taarten**.

'We maken de taarten en taartjes hier allemaal zelf. We hebben een uitstekende patissier in dienst.'
'Mevrouw ... eh.'
Maarten wil haar **aandacht** trekken en kijkt op zijn notitieblokje. 'Mevrouw Bocuse?'
Nu kan er een **zuinige glimlach** af bij de vrouw.
'Ja, inderdaad Bocuse. Mijn man heet echt zo. Nee, geen familie van de grote kok, maar het helpt.'
'Goed, mevrouw Bocuse. Zijn hier ratten?'
'Waar eten is, zijn ook ratten, zegt men. Maar nee, gelukkig **hebben** we tot nu toe geen **last van** ratten.'
'U heeft dus ook geen rattengif in huis?'
'Nee.'
Maarten gelooft haar.
Daniël is gefascineerd door de taarten.
'Wat heeft het **slachtoffer** eigenlijk gegeten? Het zag er niet uit als een normale haring.'
'Ja,' mevrouw Bocuse schudt **verontwaardigd** haar hoofd. 'Het moest iets heel nieuws, iets heel **geraffineerds** zijn. Ik heb tegen Robert, mijn man, gezegd, dat hij niet met haring moet beginnen. Op geen enkele manier. Haring is iets voor het volk.'

aandacht	Aufmerksamkeit
zuinig	*hier*: verhalten, sparsam
glimlach	Lächeln
last hebben van	leiden unter
slachtoffer	Opfer
verontwaardigd	empört
geraffineerd	raffiniert
duidelijk	deutlich, klar
verbazing	Erstaunen
kwadraat	Quadrat
visboer	Fischhändler
uitscheiden	aufhören
huren	mieten

'Ja, maar het zag er niet uit als een vis. Geen kop, geen staart, geen vis.'
'Nee, geen gewone vis.' De spot in haar stem is duidelijk te horen. Ze geniet van de verbazing op Maartens gezicht. 'De naam van het gerecht is *Groene haring deluxe in het kwadraat*! Moleculaire keuken, meneer! Nog nooit van gehoord, begrijp ik?'

Oefening 5: Kies de juiste vorm. Lesen Sie weiter und unterstreichen Sie das passende Wort!

Daniël komt dichterbij: 'Waar komt het **1.** uit / vandaan ?'

'Van de plaatselijke visboer Quispel. De **2.** nieuwe / verse jonge chef heeft mijn man overgehaald.'

'Visboer Quispel,' **3.** zeggen / zegt u?'

'Ja, in de Volendamsestraat. En als u hem ziet, zeg dan maar tegen hem dat hij hier nooit meer **4.** moet / hoeft te komen.'

'Ik heb honger,' zegt Daniël, als ze weer buiten staan.
'Wil je een haring? We moeten toch naar de haringkraam.'
'Schei uit met vis.'
'Ik ga een fiets huren en ga naar Scheveningen. Ik neem aan dat jij de tram neemt?'
'Goed geraden.' Daniël lacht. 'We zien elkaar voor het Kurhaus.'

Een half uur later komt Daniël eindelijk op de plaats van bestemming aan. Maarten zit er al een tijdje en geniet van de zon en de zee. Jammer dat ze niet altijd op onderzoek uit mogen. Hij houdt niet van het vele papierwerk.
Dan zet hij zijn zonnebril op en kijkt naar zijn collega.
'En, heb je lekker gegeten?'
Daniël kijkt hem verbaasd aan.
'Hoe weet je dat?'

> Achtung! **Falscher Freund:**
> das Meer = *de zee*,
> der See = *het meer*.

'Twee puddingbroodjes, klopt dat?'
'Nou zeg, hoe weet jij dat?' Daniëls bewondering voor zijn collega neemt toe.
'Broodjes van bakker Driest.'
'Je bent een ware Sherlock Holmes!' Daniël meent het.
'Nou niet overdrijven! Ten eerste heb je pudding en poedersuiker op je shirt, ten tweede neem jij nooit genoegen met één broodje, en ten derde ligt bakker Driest op de route.'
Ze lopen het hele stuk langs het strand naar de plek waar de haringkraam staat. Er zijn nog niet veel mensen.
Dan komen ze bij de haringkraam aan.
Er hangt een bordje: 'Vandaag gesloten.'
Gelukkig hangt er een telefoonnummer op de kraam.
Maarten toetst het nummer in.
'Ja, hier spreekt Maarten Valk. Van de recherche. Bij u is gisteren een vrouw gestorven.'
'...'
'Ja, dat kan ik mij voorstellen.'
'...'

plaats van bestemming	Ziel
pudding-broodje	Brötchen mit Vanillepudding-Sahnefüllung
poedersuiker	Puderzucker
intoetsen	eingeben
recherche	Kriminalpolizei
glibbervis	glibbriger Fisch
doorzon-woning	typ. nl. Reihenhauswohnung
kamer	Zimmer
meteen	gleich, sofort
huilen	weinen

'Ja, dat begrijp ik.'

'…'

'Ze is omgevallen als een boom?'

'…'

'Wat heeft de vrouw dan gegeten?'

'…'

'Ah … in het kwadraat.'

'…'

'Groene **glibbervis**. Kunt u mij zeggen waar u dat spul vandaan heeft?'

'…'

Daniël kijkt hem vol verwachting aan.

'Juist dat dacht ik al. Dag meneer. U hoort nog van ons.'

'Quispel?' vraagt Daniël.

'Yes, Doctor Watson.'

Rosalie staat voor een rijtjeshuis, een zogeheten **doorzonwoning** (i). Van buiten is de hele **kamer** te zien. Echte Nederlanders hebben geen geheimen. Ze belt aan, **meteen** begint er een hond te blaffen. Ergens achter de deur **huilt** een kind. Het is

Niederländische Wohnungen oder Häuser sind durchschnittlich kleiner als deutsche, haben aber dafür größere Fenster. Bei den typischen **doorzonwoningen** blickt man durch große Fenster freigiebig in das Interieur der Häuser. Manch einer sieht darin noch ein calvinistisches Überbleibsel, andere einfach einen Hang zum "Sehen und Gesehenwerden". Sicher ist nur, dass es eine niederländische Gardinensteuer nie gegeben hat!

boos, zo te horen. Er gebeurt niets. De hond blaft nog steeds. Ze drukt nog een keer op de **bel**. De hond blaft harder, het kind krijst harder, ze hoort stappen achter de deur en iemand zegt **geïrriteerd**: 'Ik kom! Nou, wat is er zo **belangrijk**!'

In de deuropening staat een vrouw van een jaar of vijfendertig.

Op agressieve toon zegt ze: 'Wat is er?'

'Ik kom vanwege Bobby.'

'Bobby?'

'Uw kat! Ik ben Rosalie Vroegindewei van de politie.'

De vrouw schudt haar hoofd als of ze haar onvriendelijkheid en **gespannenheid** zo van zich af kan schudden en zegt: 'O, sorry. Kom binnen.

Ik **heb** een vermoeiende ochtend **achter de rug**. Wilt u misschien een kopje koffie?'

'Uw kind schreeuwt.'

'Mijn kind schreeuwt de hele dag. Hij valt zo in slaap.'

'Nee, liever een kopje thee. Ik ben zwanger.'

'Als u maar weet wat u daarmee in huis haalt! Arme Bobby. Aernout doet altijd moeilijk met eten. Gisteren ook. Ik dacht: als ik nu eens iets bijzonders koop. Hij houdt niet van vis. Maar als de vis op een pudding lijkt, vindt hij het misschien wel lekker. Maar wat doet hij? Hij neemt de lepel en voor ik het **in de gaten heb,** gooit hij de vis met een

bel	Klingel
geïrriteerd	verärgert
belangrijk	wichtig
gespannenheid	Anspannung
iets achter de rug hebben	etw. hinter sich haben
in de gaten hebben	bemerken

grote boog op de grond. Bobby vindt dat natuurlijk prachtig en stort zich er meteen op. Maar hij heeft nauwelijks een hapje genomen, of hij valt om. Zijn hele lijfje begint te trillen en hij krijgt schuim op zijn bek. Ik bel meteen de dierenarts. Als ik daar aankom, is hij al dood. Gif, zegt de dierenarts. Ik neem aan dat hij de politie heeft gebeld?'

'Waar komt de vis vandaan?'

'Van haringboer Quispel in de stad. Daar koop ik mijn vis altijd. Wat ben ik blij dat mijn zoon een slechte eter is.'

Rosalie Vroegindewei knikt en neemt een slok thee.

'Quispel dus!' Zo luidt de conclusie als ze alle drie weer op het hoofdbureau zijn.

Daniël zoekt de website van Quispel op.

'Kijk, een familiebedrijf.'

'Maar waarom zou iemand zijn vis vergiftigen?' vraagt Maarten.

'Haat op de maatschappij?' zegt Daniël.

'Onwaarschijnlijk. Dan stop je dat spul in een normale haring en niet in een delicatesse die zo duur is dat maar weinig mensen hem kunnen betalen.'

'Wraak van een concurrent?'

'Ja, mogelijk,' overlegt Rosalie. 'Een vriendin van mij heeft een kennis die heel veel weet over de geschiedenis van haring in Den Haag. Ik ga haar even bellen.'

boog	Bogen
grond	Boden
nauwelijks	kaum
hapje	Bissen
trillen	zittern
conclusie	Schlussfolgerung
maatschappij	Gesellschaft
wraak	Rache
kennis	Bekannter
geschiedenis	Geschichte

Oefening 6: Werkwoorden. **Setzen Sie die Verben in der richtigen Form ein!**

hebben (2x) gaan (2x) zijn (3x)

1. *Heeft* u hier ratten?
2. Haring ________ iets voor het volk.
3. Ik ________ honger en ________ naar de bakker.
4. Zij ________ naar Quispel omdat hij de beste ________.
5. Wij ________ van de politie.

Terwijl Rosalie haar vriendin belt, zoekt Daniël verder op het internet. Maarten drinkt een kopje koffie.

'Zeg,' vraagt Daniël. 'Heb je zin om de Nationale Haringtest in te vullen?'

Maarten is altijd bereid om een spelletje te doen.

> *De Nationale Haringtest* ist ein **Test** einer niederländischen Zeitung, bei dem man sein Wissen über den Fisch alljährlich prüfen kann.

'Let op, vraag één: hoe oud kan een haring worden?'

'Twee jaar?' zegt Maarten.

'Fout. Tweeëntwintig.' Daniël steekt een vinger in de lucht. 'Wat is een toter?'

'Een dode haring?'

'Nee. Een tweejarige jonge haring.' De tweede vinger gaat de lucht in.

'Vraag drie. Wat is paaien?'

'Oh, dat weet ik. Iemand overhalen. Wat ik de hele dag doe om jou aan het werk te krijgen.' Maarten lacht.

'Fout. Paaien betekent eiafzetting en paring bij de haring.'

'Seks tussen vissen. Interessant.'

'Volgende vraag. Wanneer heerste er een absoluut vangverbod op haring?'

'Geen idee. Verleden jaar?'

'Nee, tussen 1977-1983. Sindsdien gelden strenge vangstbeperkingen.' De vierde vinger gaat omhoog.

'Vraag vijf. Noem minstens drie manieren om haring te eten.'

'Oef,' Maarten kreunt. 'Je kunt hem in het zuur doen.'

'Ja, en verder?' Daniël maakt een draaiende beweging met twee wijsvingers.

'Rolmops.'

'Goed, en verder?'

'Nee, schiet me niet te binnen.'

Daniël kijkt hem aan.

'Werkt het daar nog een beetje?' Hij wijst naar zijn voorhoofd. Van zijn andere hand houdt hij vier gestrekte vingers

zin	*hier*: Lust
paaien	*hier*: laichen
overhalen	überreden
eiafzetting	Eiablage
seks	Sex
vangverbod	Fangverbot
sindsdien	seitdem
vangstbeperking	Fangbeschränkung
manier	Art, Weise
kreunen	stöhnen
wijsvinger	Zeigefinger
te binnen schieten	einfallen
voorhoofd	Stirn

en een duim omhoog. Hij telt op: 'bokking, maatjesharing, pekelharing, sürstromming, zure haring, panharing, kipper.'
'Kom nou, ik heb één antwoord goed.'
'Dat telt niet.'
'Volgende vraag. Wat is het kaken van haring?'
'Dat weet ik!'
Maarten doet weer zijn best.
'De kop eraf snijden!'
'Bijna. Bij het kaken verwijdert men de kieuwen, de keel en een deel van de ingewanden.'
'Niet alle ingewanden?' Maarten kijkt verbaasd.
'Nee, de alvleesklier blijft.'
'Ajakkes! Waarom?'
'De enzymen van de alvleesklier verspreiden zich in het vlees en onder invloed van het zout begint een rijpingsproces[i].'
'Oh, zo noemen ze dat. Ik zou zeggen dat hij begint te rotten.'
'Vraag zeven. Wie is de uitvinder van het kaken?'
'Willem Beukelszoon. Dat weet elk kind. Dat leer je op school.'

pekelharing	Salzhering
sürstromming	saurer Hering
panharing	Brathering
kipper	Räucherhering
(haring)kaken	Ausnehmen von jungen Heringen
ingewanden *pl*	Eingeweide
alvleesklier	Bauchspeicheldrüse
ajakkes!	*hier*: bäh! pfui!
rotten	verderben
uitvinder	Erfinder

Matjes sind verarbeitete gesalzene **Heringe** vor Erreichen der Geschlechtsreife. Durch einen Kehlschnitt werden die Heringe (teilweise) ausgenommen.
Durch die verbleibende Bauchspeicheldrüse fermentiert das Fischfleisch und es beginnt die Reifung des Matjes. Der Matjes hat einen hohen Fettgehalt und einen besonders zarten Geschmack.

Daniël steekt vijf vingers in de lucht.
'Niet best, mijn vriend, voor een Nederlander.'
'Ik ben helemaal geen echte Nederlander. Mijn moeder komt uit Zuid-Duitsland!'
'Kom nou!'

Rosalie komt terug.
'Ik heb de informatie van mijn vriendin gekregen. Haar kennis heet Adriaan Verblaffen. Hij weet alles over haring.'
'Wij ook!' zegt Daniël.
'Ik ga hem even bellen.'

'Dag meneer Verblaffen. U spreekt met Rosalie Vroegindewei van de politie. U heeft het bericht vast wel gelezen over de dode **in verband met** het eten van haring?'
'Ja, dat heb ik gelezen. Wie doet nu zoiets? Nee, je gaat je **klanten** toch niet vergiftigen. Dan ben je toch niet goed bij je hoofd?'

in verband met	im Zusammenhang mit
klant	Kunde
ergens baat bij hebben	nützen, Nutzen von etw. haben

'En als een concurrent het gif erin gedaan heeft? Wie **heeft er baat bij**?'
'In principe iedereen en niemand.'
'Wat is de reputatie van Quispel?'
'Quispel heeft een uitstekende naam. Ik kan me niet voorstellen dat hij er iets mee te maken heeft.'
'En de dichtstbijzijnde viskraam bij de kraam van Jos Groeneboer in Scheveningen?'

'Haring Heesters? Nee, dat zijn oude mensen. Ik ken de oude Heesters goed. Hij gaat volgend jaar **sluiten**. Hij is achtenzeventig. Hij en Louisa doen dat werk al zestig jaar. Die willen gewoon nog een paar rustige jaartjes (i).'
'Dus er is geen sprake van een **oorlog** tussen de visboeren?'
'Absoluut niet.'
'Dank u, meneer Verblaffen.'

> **Verkleinerungsformen** mit -je sind immer het-Wörter. Z.B.: *de brief - het briefje*; *het jaar - het jaartje*. Alle Verkleinerungsformen enden im Plural auf -s. Z.B.: *briefjes, jaartjes*.

Oefening 7: Tegenstellingen. Lesen Sie weiter und setzen Sie die Gegenteile ein!

Na de avondlijke briefing besluiten de drie de **1.** vorige *volgende* ochtend **2.** individueel __________ een bezoekje te brengen aan viskraam Quispel. Voor vandaag zit het werk erop.

Als Rosalie bij Amsterdam Centraal (i) voor de 'fietsflat' **3.** ligt __________, kijkt ze **verbouwereerd**. Alsof ze nog **4.** altijd __________ een Nederlandse fietsenstalling heeft gezien.

Duizenden fietsen. Niets bijzonders. Ze gebruikt haar fiets ook elke dag. Maar ze heeft geen idee waar ze haar fiets moet zoeken. De tranen van **vermoeidheid** schieten in haar

Amsterdam Centraal ist der Hauptbahnhof der niederländischen Großstadt.
In unmittelbarer Nähe gibt es ein **Parkhaus** für mehr als 7000 Fahrräder - weltweit einmalig!

'Sarphatistraat 22,' zegt Rosalie tegen de chauffeur en ze schenkt hem de mooiste glimlach die ze nog heeft.

ogen. Ze draait zich om, waggelt naar de taxi's, opent de deur en laat zich met een diepe zucht op de achterbank zakken.

sluiten	schließen
oorlog	Krieg
verbouwereerd	bestürzt, verdutzt
vermoeidheid	Müdigkeit, Ermüdung
zucht	Seufzer

3 Nervositeit

Met zijn drieën gaan ze naar visboer Quispel. Ze betreden een grote winkel, waar het natuurlijk vrij koel is. Daniël knikt Rosalie toe: 'Het gaat wel goed. Besluit gewoon niet misselijk te worden, dan word je het ook niet.'
De koelte is aangenaam. Hoewel het september is, is het buiten nog warm. In de winkel staat een lange rij vitrines vol vis.
De verkoopster achter de vitrines vraagt of ze kan helpen.
'We zijn van de politie. We hebben een paar vragen.'
De vrouw wordt zichtbaar bleek.
'Ik ga even mijn man roepen.'

Carel Quispel is een nerveus persoon. Begin veertig, maar hij ziet er veel jonger uit. Hij loopt met een brede glimlach naar de drie toe.
'Kan ik u helpen?'
'Ja, we hebben een paar vragen in verband met twee doden, de slachtoffers van vergiftigde haring. U heeft er zeker wel iets over in de krant gelezen.' Rosalie stelt de vragen. Maarten staat naast haar. Daniël kijkt naar de vitrines.
'Dat heb ik inderdaad. Het is heel erg.' Quispel kijkt nu heel bezorgd. 'Afgezien van de arme slachtoffers is het heel slecht voor de zaak. We hebben gisteren bijna geen haring verkocht.'

'U heeft een prachtige winkel. Mogen we even rondkijken?'
Quispel **veert op**: 'Ja, alles is **splinternieuw**. Mag ik u een rondleiding geven?'

koel	kühl
misselijk	übel
opveren	aufspringen
splinternieuw	niegelnagelneu
vergezellen	begleiten
begrip	Verständnis
verhaal	Geschichte

'Graag,' antwoordt Rosalie. 'Daniël kom je?'
Daniël kan zijn blik met moeite van de lekkere vis losmaken en **vergezelt** de andere drie. Zij verlaten de winkel en staan bij de ingang van de werkplaats.
Quispel begint geroutineerd te vertellen: 'Mijn overgrootvader is met de zaak begonnen. Hij heette ook Carel Quispel, maar voor- en achternaam geschreven met een k. Mijn vader heeft van de k een q gemaakt en ik van de k een c. Dat komt moderner over.'
Rosalie, Maarten en Daniël knikken vol **begrip**.
'Het is niet makkelijk om met zo'n oud bedrijf de eenentwintigste eeuw binnen te stappen. Mensen eten nu liever sushi dan haring. Ik was liever chemicus geworden. Maar ja. Als je familie een bedrijf heeft!'
Hij zet een plastic mutsje op en knikt naar de andere drie. Eerst geeft hij Maarten er één, dan Rosalie. Bij Daniël aarzelt hij.
'Hoeft niet,' mompelt hij.
Daniël wrijft bijna beledigd over zijn kale hoofd.
'En mijn baard dan?' vraagt hij.
Quispel doet alsof hij het niet hoort en gaat verder met zijn **verhaal**.

'Wij bestaan sinds het begin van de twintigste eeuw. Toen voeren nog veel Nederlandse schepen op haring uit. Vandaag is het er geen een meer. De meeste haring komt uit Noorwegen (i).'

> Hauptfanggebiete für **Matjes-Heringe** sind die Nordsee, die Nordküste vor Schottland und vor allem die südlichen Gewässer Norwegens.

Oefening 8: Werkwoorden. Lesen Sie weiter und setzen Sie die Verben in der richtigen Form ein!

zijn | gaan | ~~komen~~ | trekken (2x) | moeten

Plotseling **1.** *komt* er een jong meisje aan. Ze **2.** ________ **amper** zestien, **blozend** **3.** ________ ze naast haar chef staan en **4.** ________ hem aan zijn mouw. Quispel **5.** ________ zijn arm weg alsof hij een lastige vlieg **6.** ________ verjagen.

'Chef!'
Quispel kijkt haar boos aan.
'Weet u,' gaat hij op zakelijke toon verder. 'In deze tijd is het moeilijk om een viszaak draaiende te houden.'
'Chè-èf?', het meisje **blijft aandringen**.
'Geertje, wil je even wachten! Ik **ben bezig**!' Hij verheft zijn stem een beetje, maar wil niet laten merken dat hij boos is.

'Ik heb alles gemoderniseerd. De werkplaatsen, de winkel. Ik heb zelfs een laboratorium ingericht. Er werken twee mannen die de haring van de markt halen, kaken en voor de consumptie bereiden. Verder zijn er twee vrouwen voor de overige etenswaar en twee helpen mijn vrouw bij de verkoop. Ja, en Geertje natuurlijk.'

amper	kaum
blozend	errötend
blijven	bleiben
aandringen	drängen
bezig zijn	beschäftigt sein
kwaad	böse
stom	dumm
ϟ plassen	pinkeln
ontslag nemen	kündigen
kapster	Friseuse
luisteren	zuhören
ton	Tonne

Het meisje staat weer dichtbij haar chef. Ze is helemaal rood in haar gezicht.
'Chef!' zegt ze nu heel kwaad.
'Wat ben jij toch een stomme trut!' zegt Quispel geïrriteerd.
'Chef! Er ligt er weer één! Een dode rat,' schreeuwt het meisje. 'Voor de deur van de wc. En ik moet nodig plassen! Maar doet u geen moeite. Ga gerust door met belangrijk doen. Ik heb er genoeg van. De hele dag met mijn handen in de stinkende vis. Ik neem ontslag! Ik wil sowieso liever kapster worden!'
Het meisje huilt, trekt haar schort uit en gooit het driftig op de grond. Dan rent ze weg.
Rosalie zoekt oogcontact met Maarten. Die weet wat hij moet doen. Hij rent het meisje achterna. Daniël blijft staan. Met een glimlach kijkt Rosalie Quispel aan.
'Meneer Quispel. Ik luister!'
Quispel gaat op een ton zitten: 'Ik zeg niks.'

Afwezig streelt hij de dode haringen die naast hem in een bak met ijs liggen.
Rosalie gaat ook zitten. Daniël kijkt rond en zoekt ook een plekje. Nu zitten er drie mensen in een koele ruimte te wachten. Niemand zegt iets. Rosalie kijkt Daniël triomfantelijk aan. Ze is niet misselijk. Maar hoe langer ze wachten, hoe banger de gezichtsuitdrukking van Quispel wordt en hoe witter Rosalies gezicht.
Na ongeveer twintig minuten komt Maarten terug.
'Ik heb haar op een ijsje getrakteerd. In het café verderop. Ze heeft verteld dat de chef in zijn laboratorium experimenteert. Plotseling hoort ze hem hevig vloeken. Hij komt naar buiten, roept haar en trekt haar aan haar arm naar binnen.
"Hier, opruimen," zegt hij. "En tegen niemand vertellen."
Ze ziet overal wit poeder liggen. Ze pakt een doos van de grond. Haar chef trekt hem uit haar hand. Maar ze kan nog net zien dat er een doodshoofd opstaat. Hij zegt tegen haar: "Veeg het bij elkaar en spoel alles door de plee. En alles waarmee je schoonmaakt, verbrand je in de ton op het erf. En doe een monddoekje voor." Ze doet alles wat hij zegt en denkt er verder niet over na. Het is al vaker gebeurd

gezichtsuitdrukking	Gesichtsausdruck
trakteren	jdn. einladen, etw. spendieren
vloeken	fluchen
opruimen	aufräumen
ϟ plee	WC
erf	Hinterhof
misgaan	schiefgehen
bak	Gefäß
oplossing	Lösung
vreemd	merkwürdig

dat er iets misgaat in het laboratorium. Er staan zoveel vreemde chemicaliën.'

Op dit moment houden Quispel en Rosalie het niet meer vol. De man breekt in tranen uit en Rosalie trekt het plastic kapje van haar hoofd, duwt het tegen haar mond en rent naar buiten.

De rest van het gesprek vindt plaats op het erf. De vrouw van Quispel zit naast haar man en troost hem. Nu vertelt zij: 'We hadden opeens ratten. Wij weten dat je zoiets moet melden. Maar weet u wat dat betekent? Overal zijn dan stickers te zien waarop staat dat hier ratten zijn. Denkt u dat er dan nog iemand een haring bij ons wil kopen? Mijn man probeert dus in zijn laboratorium een bijzonder snel werkend rattengif te mengen. En plotseling valt het uit zijn handen. Het poeder ligt overal en mijn man vraagt het meisje om alles op te ruimen. Dat doet ze ook. Kennelijk zet zij de bak met de groene vis ergens anders neer en mijn man vergeet dat de bak op tafel stond toen hij het gif liet vallen. Er moet dus iets van het poeder op de groene vis zijn gekomen.'
Er komen twee agenten om Carel Quispel mee te nemen. Zijn vrouw pakt nog een paar harinkjes voor hem in.

Enkele maanden na de oplossing van de moord komt Rosalie Maarten en Daniël tegen.
'En, hoe gaat het met je zoontje?' vraagt Maarten.
'O, heel goed. Maar één ding is wel heel vreemd: Ik heb soms de indruk dat hij naar vis ruikt!'

De moordenaar van Den Haag

Jacob Jansen

1 Een ontvoering

Een man van rond de vijftig verlaat het gebouw van het Internationaal Strafhof (i) in Den Haag. Het regent hard. Er staat een **stevige** wind. Het is begin september. De straten zijn bijna leeg. De man loopt de trap af. **Opeens** zijn er **gierende banden** te horen, een SUV rijdt voor, drie gemaskerde mannen springen uit de deur aan de zijkant, pakken de man en slepen hem de auto in. De auto rijdt hard weer weg. Twee mannen van de bewakingsdienst rennen de trap nog af. Te laat. Ze zien de auto rond de hoek verdwijnen. **Achtervolgen** is zinloos. De mannen rennen weer terug naar het **gebouw**.

> Der **Internationale Strafgerichtshof** in **Den Haag** ist ein unabhängiger Gerichtshof zur Ahndung von Völkermord, Verbrechen gegen die Menschlichkeit und Kriegsverbrechen. Er kann nur über Individuen (nicht Staaten) zu Gericht sitzen. Rechtliche Grundlage ist das Römische Statut, dem bisher schon mehr als 120 Staaten beigetreten sind.

ontvoering	Entführung
stevig	stark
opeens	auf einmal
gieren	quietschen
band	Reifen
achtervolgen	verfolgen
gebouw	Gebäude
Team Grootschalig Optreden	Spezialeinheit der niederländischen Polizei

Eén uur later komt het TGO al bijeen, het **Team Grootschalig Optreden**. Peter

Dobbelaar is de chef. Hij vertelt wat hij weet. Het is nog niet veel. De ontvoerde man heet Luuk van Galten. Hij is één van de advocaten bij het Strafhof.

ontvoerd	entführt
geval	Fall
medewerker	Mitarbeiter
knikken	nicken
dader	Täter
kringentheorie	„Umfeld"-Theorie (Polizeibegriff)
kennis	Bekannte
vervolgens	danach
wijk	Stadtviertel
betrokken bij	beteiligt bei
schending van mensenrechten	Menschenrechtsverletzung
echtgenote	Ehefrau

'De meesten van jullie weten wat we in deze gevallen doen. Maar omdat we vandaag een nieuwe medewerker hebben,' hij knikt naar Frits, 'leg ik het nog een keer uit. We proberen de dader op te sporen met behulp van de kringentheorie. Dat betekent dat we beginnen bij de familie. Als we daar niets vinden, dan gaan we kijken naar de kring van vrienden en kennissen, vervolgens naar de collega's van het werk. Kijk, daar komt de koerier met het dossier.'

Een fietskoerier komt binnen. Hij brengt het personeelsdossier van de ontvoerde man uit het Strafhof.

'Goed, hier staat het nog een keer. Luuk van Galten, 53 jaar oud, getrouwd met Laurentien Verrijck de Haan, geen kinderen. Ze wonen in de wijk Benoordenhout. Van Galten is advocaat bij het Strafhof en betrokken bij de zaak Basingu. Dat is een Afrikaanse dictator die onder meer is aangeklaagd wegens schending van mensenrechten en massamoord. Marlies, Jan en Victor, jullie gaan naar de echtgenote.

Neem aftapspullen mee. Ik regel dat met de officier van justitie. Daan en Carolien, jullie zoeken alles uit wat jullie over het echtpaar Van Galten kunnen vinden. Patrick en Anneriek, jullie gaan naar het Strafhof en analyseren het materiaal van de zaak waar Van Galten als advocaat bij betrokken is. Frits, jij blijft bij "the brain". Dat ben ik.'

'Zo, Frits. Je volgt een masteropleiding criminologie, niet waar?'
Frits knikt.
'En je komt hier de komende tijd stage lopen om eens een kijkje in de praktijk te nemen?'
Frits knikt opnieuw.
'Dan kun je de volgende vraag vast wel beantwoorden.'
Frits kijkt vol verwachting naar de man die de komende drie maanden zijn chef zal zijn.
'Kun je een kopje koffie voor me halen?'

aftapspullen *pl*	Abhörgeräte
officier van justitie	Staatsanwalt
uitzoeken	aussuchen
blijven	bleiben
masteropleiding	Masterstudiengang
stage lopen	(ein) Praktikum machen
vast wel	bestimmt
verwachting	Erwartung
opknappen	herrichten
deftig	vornehm

Tante Carmelita woont in een mooie buurt in het Statenkwartier van Den Haag. Veertig jaar geleden hebben hier jonge echtparen met veel kinderen de huizen opgeknapt. Nu is het een deftige buurt voor mensen die graag willen laten zien dat ze veel geld verdienen.

Oefening 1: Definities. Welche Definition passt zum Verb? Ordnen Sie zu!

1. *d*	verlaten	a) iemand niet uit het oog verliezen
2. ☐	rennen	b) proberen te vinden
3. ☐	achtervolgen	c) snel lopen
4. ☐	opsporen	d) weggaan

Ze oefent haar beroep als vreemdelingenadvocaat al een tijdje niet meer uit. Ze is eenenzeventig. Haar favoriete televisieserie is Miss Marple. Haar lievelingsspeelgoed is haar iPad. En 's avonds is quilten haar lievelingsbezigheid. Ze heeft jaren nodig om een deken af te maken, maar dat maakt haar niets uit. Quilten geeft haar rust.

> Ein **Quilt** ist eine Steppdecke aus drei Lagen, die mit Steppstichen miteinander verbunden sind.

vreemdelingenadvocaat	Anwalt für Ausländer
favoriet	Lieblings-, bevorzugt
rust	Ruhe
kamer	Zimmer
logeren	übernachten

Haar man leeft al een aantal jaren niet meer. Eigenlijk is het huis te groot voor haar alleen, nu de drie kinderen het huis uit zijn. Maar ze wil hier blijven wonen, met alle boeken, de vele kamers voor de kleinkinderen die komen logeren en de herinneringen aan haar man.

Drie verdiepingen telt het huis. Sinds een paar dagen logeert haar neef Frits op de bovenste verdieping. Frits is slungelig en heeft kort, donkerbruin haar. Met zijn groene ogen, zijn sproeten en zijn lichte huid lijkt hij eerder op een Engelsman[i] of een Ier. Maar hij komt uit Groningen.

'Dag jongen. Hoe was je eerste dag?'

'Prima. Peter, mijn chef, is wel wat bazig. Maar daar kan ik wel tegen.'

In der niederländischen Sprache ist **Großschreibung** selten. Ausnahmen bilden geografische Bezeichnungen. Z.B.: *de Duitse taal* (die deutsche Sprache).

De volgende ochtend gaan Dobbelaar en Frits naar het huis van de ontvoerde man. Benoordenhout is een buurt voor oud en nieuw geld. Mensen als de Van Galtens wonen in Belgisch Park, de Vogelwijk, Archipelbuurt, het Statenkwartier of Benoordenhout.

Ze bellen aan. Een vrouw van eind veertig opent de deur. Ze is een beetje te sterk opgemaakt, haar haar[i] is iets te blond en haar kleding een tikkeltje te jeugdig.

Als ze in de grote woonkamer staan, verbergt de vrouw haar ongenoegen niet.

'Ik weet niet hoe u het zou vinden als er de hele dag vreemde mensen in uw woonkamer zitten, uw koffie drinken en naar uw wc gaan.'

'Mevrouw, we willen uw echtgenoot zo snel mogelijk vinden,' zegt Peter.

Kennen Sie diesen **Zungenbrecher**? *Ik zag haar haar haar kammen.* (Ich sah, wie sie sich ihre Haare kämmte.)

'Ik weet niet of hij dat wel waard is.'
Dobbelaar kijkt op: 'Erg bezorgd lijkt u niet te zijn.'
'Is er[i] een norm voor bezorgdheid?' vraagt de vrouw. 'Heeft u **liever** dat ik de hele dag sta te **huilen**?'

> Es gibt verschiedene Verwendungen für das Wörtchen ***er***:
> 1. Als Übersetzung des deutschen *es gibt*;
> 2. Als unspezifisches Subjekt, z.B. : *Er loopt een hond over straat* (Es läuft ein Hund über die Straße).

Plotseling klinkt er gestommel op de trap. Iedereen draait zich om.

verdieping	Etage
bovenste	oberste
slungelig	schlaksig
sproet	Sommersprosse
huid	Haut
Engelsman	Engländer
Ier	Ire
bazig	herrisch, bestimmend
jeugdig	jugendlich
ongenoegen	Unwille, Unbehagen
liever	lieber
huilen	weinen, heulen
gespierd	muskulös
meteen	gleich, sofort
verveeld	gelangweilt
minnaar	Liebhaber
meedeelzaam	mitteilsam

'Kom, mijn lief. De politie weet al dat ik geen vertwijfelde echtgenote ben.'
'Prima, dan kan ik eindelijk een drankje inschenken.'
Er komt een grote, **gespierde** man de trap af.
Hij zegt: 'Dan kunnen we ook **meteen** zeggen hoe blij we zijn dat die saaie Luuk is verdwenen!'
De vrouw kijkt met een **verveelde** blik naar haar **minnaar** Piet Hein Houtman: 'Nou, schatje, als je al zo **meedeelzaam** bent, zeg dan ook maar meteen tegen de politie dat je Russische vriend uit de gym zo vriende-

lijk was om ons voor een paar roebeltjes van mijn saaie echtgenoot te verlossen.'
Frits en Dobbelaar kijken elkaar verbaasd aan.

Oefening 2: Kies de juiste vorm. Lesen Sie weiter und unterstreichen Sie das richtige Wort!

'Sorry heren,' **1.** zeggen / zegt ze en trekt haar wenkbrauwen op: 'Toch is een domme man altijd nog beter dan een saaie.'

Dobbelaar heeft er genoeg van en zegt: 'Ik heb **2.** geen / niet tijd voor spelletjes. Heeft u uw man ontvoerd of niet?'

De vrouw draait haar hoofd **3.** snel / langzaam naar Dobbelaar, haar **oogopslag** is nog langzamer. Ze leunt met haar bovenlichaam naar voren en **4.** schreeuwt / fluistert **nauwelijks** hoorbaar: 'Nee, commandant.'

'Geloof jij wat ze zeggen?' Frits is verontwaardigd. Zijn chef en hij staan even buiten. Peter eet een appel.
Frits' gezicht is helemaal rood: 'Ze heeft toch een prima motief.'
'Rustig maar. Ik laat ze morgen allebei naar het hoofdbureau komen. Kom, we gaan weer naar binnen. Laten we nog

even genieten van de gastvrijheid van de vrouw des huizes. We verwachten elk ogenblik een telefoontje van de ontvoerders.'

> *De vrouw des huizes* ist eine alte **Genitivform.** Im Niederländischen gibt es kaum noch spezifisch geschriebene Fälle. Einige Beispiele sind: *'s ochtends, te goeder trouw* und *Zijner Majesteit.*

Zeven mensen zitten in de grote woonkamer. Bijna iedereen kijkt op zijn mobieltje. Plotseling rinkelt de telefoon. Zonder enige haast pakt Laurentien hem op.
'O, ik heb het genoegen met de ontvoerders van mijn echtgenoot te spreken?'

Ze lacht, houdt haar hand voor de microfoon en zegt: 'Wat spreekt die man grappig Nederlands!' En ze herhaalt met diepe stem: 'Wij tweehonderdvijftigduizend euro willen!' Dan verder op haar normale toon: 'U wilt maar tweehonderdvijftigduizend? Dat is een koopje! En als ik het niet doe?'
Ze herhaalt het gebroken Nederlands: 'Dan wij hem afmaken.' Weer giechelt ze alsof het allemaal één grote grap is. 'Dan doen jullie dat maar. Jullie doen mij er een groot

echtgenoot	Ehemann
verbaasd	erstaunt
oogopslag	Augenaufschlag
nauwelijks	kaum
verontwaardigd	empört, entrüstet
hoofdbureau	Polizeipräsidium
gastvrijheid	Gastfreundschaft
iedereen	jeder(mann)
mobieltje	Handy
rinkelen	klingeln
genoegen	Gefallen, Vergnügen
grappig	lustig
herhalen	wiederholen
koopje	Schnäppchen
afmaken	*hier*: umbringen

plezier mee. Maar goed. Ik ben niet hardvochtig. Waar moet ik het geld naartoe brengen?'
Ze legt de telefoon neer.
'Morgenvroeg om tien uur in de Beachclub in Scheveningen. Ik moet aan een tafel met het nummer 332 gaan zitten en wachten op nadere instructies.'

Bij de briefing 's avonds vat Peter de gebeurtenissen van de dag samen.
'Mevrouw Van Galten beweert dat ze niets met de ontvoering te maken heeft. Toch kunnen we de mogelijkheid niet uitsluiten dat ze er toch bij betrokken is. Misschien is er ook een politieke reden voor de ontvoering van Van Galten. Het is mogelijk dat de aanhangers van Basingu de advocaten van het Strafhof willen intimideren. We hebben de stemmen van de ontvoerders gehoord. Het is duidelijk dat ze niet afkomstig zijn uit Nederland. Misschien had Van Galten belangrijke dossiers bij zich die zij willen onderscheppen?

plezier	Spaß
hardvochtig	herzlos
nader	*hier*: weitere, nähere
gebeurtenis	Ereignis
intimideren	einschüchtern
duidelijk	deutlich, klar
afkomstig	gebürtig
belangrijk	wichtig
onderscheppen	unterschlagen
bovendien	außerdem
opslaan	speichern

Frits vraagt zijn tante bij het avondeten of het mogelijk is dat Van Galten belangrijke dossiers bij zich had.

Oefening 3: Maak combinaties. Bilden Sie zusammengesetzte Begriffe!

1. *d* mensen	a) kinderen
2. ☐ klein	b) serie
3. ☐ vreemdelingen	c) koerier
4. ☐ televisie	d) rechten
5. ☐ fiets	e) advocaat

Zij zegt: 'Nee, dat is onwaarschijnlijk. Belangrijke documenten moeten altijd in het gebouw blijven. Alles is bovendien altijd ergens elektronisch opgeslagen.'

2 Op het strand

Het is heerlijk septemberweer. Aan de horizon varen grote schepen. Het waait een beetje, meeuwen vliegen rond, krijsen en landen af en toe in de duinen.

Frits is voor het eerst op het strand van Scheveningen. Hij zit in de duinen naast Peter met een verrekijker.

waaien	wehen
krijsen	kreischen, schreien
duin	Düne
verrekijker	Fernglas
frituurvet	Frittierfett
patat	Pommes Frites
zich vervelen	sich langweilen
zeilboot	Segelboot
kleuter	Kleinkind
kuil	Kuhle
druk bezig zijn	sehr beschäftigt sein

'Zo, de meeuwen zijn zo groot als walvissen!' roept Frits verbaasd uit.

'Dat was vroeger niet zo,' antwoordt Peter. 'Dat is de zogenaamde "mowensis patatis". De Patatmeeuw. Ze worden zo groot door het frituurvet op de patat die ze eten.'

Frits weet niet of Peter het meent.

Peter kijkt verder naar het strand.

Frits verveelt zich gigantisch. Hij heeft alle tafels van de Beachclub al geteld. Het zijn er 27. Op zee varen zes zeilboten, twee motorboten en vier grote containerschepen. Een paar kleuters graven kuilen in het zand. Twee meisjes zijn druk

met de trampolinebungee bezig. Ze springen luid gillend op en neer. Ze gillen in duet met de meeuwen.
'Chef, ik moet plassen.'
'Nou, achter ons, zo'n honderdvijftig meter naar rechts. Daar staat een mobiele wc. Die moet altijd mee als we een actie in de natuur hebben. Neem 50 cent mee. Het is niet gratis.'

gillen	kreischen
ϟ plassen	pinkeln
onnozel	*hier*: albern, harmlos
beneden	unten
bedoelen	meinen
rechercheur	Kriminalkommissar
kralenketting	Glasperlenkette
gefeliciteerd	gratuliere
ontgaan	entgehen

Frits moet lachen, terwijl zijn chef tegen hem zegt:
'Frits, je ziet er onnozel genoeg uit met je bermuda en je witte overhemd. Ga even naar beneden en kijk of je iets bijzonders ziet. Maar weet dat ik je in de gaten houd.'
'Chef, ik weet toch dat de biljetten gemarkeerd zijn!'
'Dat bedoel ik niet. Maar trampolinespringen zit er voor een aankomende rechercheur niet in.'
Frits komt terug.
'Niets verdachts te zien, chef.'
'Weer een walvis gezien?'
'Nee.'
'De twee Afrikanen die kralenkettingen verkopen?'
'Nee.'
'De barkeeper die heen en weer loopt?'
'Nee.'

'Nou, gefeliciteerd. Ik heb niet de indruk dat jou iets ontgaat.'

'Nu wordt het spannend. Mevrouw Laurentien is in aantocht.' Peter praat meer met zichzelf dan met Frits.

Laurentien stevent op de strandtent af. Ze gaat uit de wind zitten. Als de ober komt, bestelt ze een drankje en een paar bitterballen[i].

> ***Bitterballen*** gehören zu den Lieblingssnacks der Niederländer: kleine panierte Bällchen oder Kroketten, bestehend aus einer breiigen Fleischfüllung.

Oefening 4. Juiste volgorde. Lesen Sie weiter und bringen Sie die Sätze in die richtige Reihenfolge.

a) Laurentien loopt langs Dobbelaar.

b) Ze speelt met haar mobieltje.

c) Na ongeveer een half uur **houdt** ze **het voor gezien**.

d) Ze pakt haar **spullen** en verlaat de Beachclub.

1	2	3	4
b			

'Voor de hoge belasting die ik betaal, verwacht ik wel wat meer actie. Ik kan ook een mojito en een paar bitterballen consumeren zonder dat ik tweehonderdvijftigduizend euro in mijn tas heb.'

Dobbelaar wil de weekendtas van haar overnemen.

'Nee, die neem ik mee naar huis. Het geld is toch van mij? Nu gaan er zeker weer drie agenten in mijn woonkamer zitten.'
Dobbelaar knikt.
Bij de briefing 's avonds volgt de **samenvatting** van Peter: 'Geen van de ontvoerders heeft het geld **opgehaald**. Dat betekent dat we nog van de gastvrijheid van mevrouw Laurentien kunnen blijven **genieten**. Zij blijft een verdachte. Daan en Carolien zijn **te weten gekomen** dat het huwelijk alleen nog maar op papier bestaat. Zij heeft rijke ouders, hij een goede **baan**. Behalve kinderen hebben ze alles. En toch heeft zij een minnaar en hij een dure hobby: Tsjechische oldtimers. Misschien hebben Laurentien en haar vriend Van Galten inderdaad ontvoerd en **vermoord**. Zolang we drie agenten in hun woonkamer hebben zitten, hebben we ze goed onder controle. Patrick en Anneriek, ik wil morgenochtend alles over Basingu op tafel hebben. Frits en ik gaan morgen naar het Strafhof. Ik wil die man toch zelf ook wel een keertje van dichtbij bekijken.'

afstevenen op	zusteuern auf
bitterbal	Fleischkrokette (nl. Spezialität)
ϟ het voor gezien houden	die Nase voll haben
spullen *pl*	Sachen
belasting	Steuer
samenvatting	Zusammenfassung
ophalen	abholen
genieten	genießen
te weten komen	in Erfahrung bringen
baan	Job, Arbeitsstelle
vermoorden	ermorden

3 Een massamoordenaar

Op de hoek van de Maanweg en de Regulusweg staat een gebouw dat 'de Arc' wordt genoemd: het Internationaal Strafhof, een indrukwekkend gebouw. Het is ook een vesting. Mannen met mitrailleurs bewaken het Strafhof.

Het proces duurt al meer dan twee jaar. De routine is duidelijk zichtbaar. De voormalige dictator is persoonlijk aanwezig. Hij draagt een pak met stropdas.
Op de foto's die Frits van het internet kent, draagt hij een legerpak en zonnebril. Nu draagt hij geen zonnebril. Dat is verboden.

Oefening 5: Werkwoorden. Lesen Sie weiter und setzen Sie die Verben in der richtigen Form ein.

vindt | kun | kijkt | zijn | ~~ziet~~

De ongeveer zestigjarige man **1.** _ziet_ er heel normaal uit, **2.** __________ Frits. Hij **3.** __________ naar de ogen van de man. Zijn ogen **4.** __________ hard en kil.

5. ____________ je aan iemands ogen zien of hij een moordenaar is?

Vandaag gaat het over de vraag of het regime van Basingu inderdaad een miljoen slachtoffers heeft geëist of slechts 800.000. Dat maakt een groot verschil, want het betekent een verschil in strafmaat. Het scheelt een paar honderd jaar.

indrukwekkend	beeindruckend
vesting	Festung
mitrailleur	Maschinengewehr
pak	Anzug
stropdas	Krawatte
legerpak	Armeeuniform
kil	kühl, kalt
slachtoffer	Opfer
eisen	fordern
slechts	nur, lediglich
verschil	Unterschied
strafmaat	Strafmaβ
schelen	*hier*: einen Unterschied machen von
misdaad	Verbrechen
door rood rijden	eine rote Ampel überfahren

Frits en Dobbelaar zitten achter in de zaal.
'Peter,' fluistert Frits.
'Ja.'
'Heb je ooit een misdaad begaan?'
'Vast wel.'
'Wat dan?'
'Door rood rijden.'
Frits lacht, maar hij vraagt door: 'Waarom maakt iemand andere mensen dood?'
'Deze vraag stelt iedereen sinds Abel Kaïn dood heeft gemaakt en Romulus Remus.'
'Iemand als Basingu. Waarom doet zo iemand dat?'

'Sommige mensen verliezen op een gegeven moment het contact met de werkelijkheid. Misdadigers denken dat zij de macht hebben. Maar dat is niet zo. Ze worden instrumenten van de macht zelf. Niet dat dat ze onschuldig maakt. Kijk eens naar de grote Basingu. Hij denkt nog steeds dat hij de baas is. Maar hij volgt alleen zijn drift, zijn machtsgevoel. En dat heeft steeds nieuwe impulsen nodig. Hij doet wat zijn aanhangers van hem verwachten.'

misdadiger	Verbrecher
eens	einmal
steeds	immer
baas	Chef
drift	*hier*: Trieb
tenminste	zumindest
wijsgeer	Philosoph
religie	Religion
afzien	verzichten
zin	*hier*: Lust
gelijk hebben	recht haben

'Je bedoelt dat hij het slachtoffer van een drift is?'

'Ja.'

'Maar driften sturen toch het leven van alle mensen?'

'De echte vrije mens – dat zeggen tenminste de wijsgeren en de religies – is de mens die van zijn driften en wensen af kan zien of ze kan beheersen.

Wie geen ijsje eet als hij er zin in heeft, is een vrijer mens.'

'Dat geloof ik niet.'

'Je hebt gelijk, ik ook niet.'

Wenn **'s avonds** (am Abend) am Satzanfang steht, dann wird **'s** klein geschrieben, **Avonds** aber groß. Das gilt auch für andere Tageszeiten oder für die Wochentage.

's Avonds[i] vraagt Frits aan zijn tante: 'Tante Carmelita, denk je dat je een vrijer mens bent, als je van je driften en wensen afziet?'

'Wie[i] vertelt zulke nonsens? Als ik 's avonds een glaasje rode wijn drink en mijn iPad pak, dan voel ik mij de vrijste mens op aarde.'

Ter illustratie pakt ze haar glas en proost hem toe.

'Trouwens,' zegt ze, 'ik heb een beetje gerechercheerd.' Ze tikt op haar geliefde iPad.

> Zur Wiederholung:
> Das niederländische *wie* heißt auf Deutsch wer. *Hoe* heißt dagegen wie.

'Basingu was van 1978 tot 2002 dictator van de Afrikaanse staat Maramba. Tijdens zijn presidentschap zijn er bijna één miljoen mensen vermoord. De meesten van één stam, de Harari. Basingu hoort bij de Vlakvlak. De twee stammen zijn sinds eeuwen vijanden van elkaar.'

aarde	Erde
toeproosten	zuprosten
trouwens	übrigens
inmiddels	inzwischen
vervalsen	fälschen
klant	Kunde; Mandant
terugsturen	zurückschicken

'Dat weten wij inmiddels ook al.'

'En hij is chef van een hele grote maffiose organisatie: prostitutie, drugs, handel met kindsoldaten, ontvoering, handel met vervalste medicijnen.'

'Ja, Peter heeft bij de andere politieafdelingen al informatie opgevraagd.'

'Ik had ooit een klant. Een jonge vrouw, een Harari, uit het land van Basingu. Ze is uit de prostitutie gevlucht. Nederland wilde haar terugsturen. Ik kon dat verhinderen. Een lieve meid. Ik zal haar morgen bellen.'

'Ja, doe dat.'

Oefening 6: Voorzetsels. Lesen Sie weiter und ergänzen Sie die fehlenden Präpositionen!

uit | naast | ~~met~~ | naar

De volgende dag loopt Dobbelaar om elf uur 's ochtends een snackbar binnen. Hij heeft een afspraak **1.** ___*met*___ een informant. Hij trekt een **frikandel** **2.** __________ de muur en gaat **3.** __________ een man zitten die een hap van een **kroket** neemt. Buiten lopen mensen die niets weten van moord en doodslag, massamoordenaars of ontvoering. Gewone mensen die op zoek zijn **4.** __________ nieuwe nagellak of een nieuwe bank voor de woonkamer. Of misschien ook naar wat tederheid die niet te veel mag kosten. Dat past beter bij deze buurt.

'Hoe is het?' vraagt Dobbelaar, die vervolgens in zijn frikandel bijt.
'Gaat wel.'
'Waarover praten de mensen?'
'Er is iets **verstopt**.'
'Verstopt? Een persoon?' Dobbelaar kijkt verbaasd naar zijn **buurman**. Dat is **in strijd met** de regels.
'Wie heeft het over een persoon?' vraagt zijn informant.

'Wij.'

De informant heet Toto. Hij lijkt geïrriteerd.

'Weet ik veel! Ben jij bij de politie of ik?'

'Rustig maar!'

'Het zal overmorgen geleverd worden. Maar het blijft hier niet. Het gaat de grens over.'

Dobbelaar besluit hem niet meer te onderbreken. Hij luistert. Toto vertelt verder: 'Het is een levering. Voor tweehonderdvijftigduizend. Ergens in de tuintjes.'

Levering? Tuintjes? Dobbelaar twijfelt. Misschien dat iemand uit zijn team daar raad mee weet.

Toto maakt een eind aan het gesprek: 'Vergeet niet dat je beloofd hebt mijn zoon te steunen. Hij wil bij de politie. Het is het enige wat ik voor hem kan doen. Als zwarte heeft hij het niet makkelijk.'

'Ik doe mijn best. Hou je haaks!' Dobbelaar gaat achter hem langs en tikt hem zachtjes en onzichtbaar voor de andere klanten op zijn rug. Als hij de snackbar verlaat, komt net zijn collega van de afdeling georganiseerde criminaliteit binnen. Die twee mannen moeten uiteraard doen alsof ze elkaar niet kennen.

frikandel	Fleischrolle (nl. Spezialität)
kroket	Krokette (nl. Spezialität)
verstoppen	verstecken
buurman	Nachbar
in strijd zijn met	verstoßen gegen
luisteren	zuhören
levering	Lieferung
tuintje	Garten
raad mee weten	*hier*: erklären können
makkelijk	einfach
Hou je haaks!	Pass auf dich auf!
net	gerade
afdeling	Abteilung
uiteraard	selbstverständlich

'Henk, wat doe jij hier?' fluistert Peter.
'Ik heb een afspraak met Toto.'
'Waarover?'
'Vergeten bij welke afdeling ik ben? Trouwens: Toto heeft kennelijk een drukke agenda.'

De informant staat op en komt nonchalant op de mannen af. Hij grijnst en fluistert terwijl hij langs hen (i) naar buiten loopt: 'Hé, man. Ik moet ook mijn tijd indelen. Tijd is geld, vergeten?' Toto, Henk en Peter verlaten de snackbar. Henk en Toto gaan naar links, Peter naar rechts.

> **Personalpronomen:** nach einer Präposition und im Akkusativ benutzt man *hen* (ihnen bzw. sie), im Dativ benutzt man *hun (ihnen). Z.B.: Hij geeft hun het boek* oder *Hij geeft het boek aan hen.*

Tante Carmelita is weer op stap. Ze gaat naar het gerenommeerde *Hotel Des Indes*. Alles lijkt hier uit de koloniale tijd te komen. Carmelita is in een voormalige kolonie van Nederland geboren. Iedere keer als ze het hotel binnengaat, komt ze nog een beetje thuis. Zij is lid van een fitnessstudio. Dat houdt in dat ze, als ze wil, ook gebruik mag maken van het piepkleine zwembad op de benedenverdieping. Dat doet ze vaak, want ze geniet van de voorname sfeer in het oude hotel. Ze gaat eerst douchen en trekt dan haar badpak aan. Het bad is nauwelijks zeven meter lang

terwijl	während
op stap zijn	unterwegs sein
piepklein	winzig
benedenverdieping	Erdgeschoss
badpak	Badeanzug

en drie meter breed. Op het moment dat ze in het water glijdt, hoort ze stemmen vanuit de **belendende** ruimte. Daar staan de fietsen. De mannen spreken Frans. Haar Frans is goed. Ze hoort **flarden** van zinnen: '… Basingu … wij hebben er niets mee te maken…'

Ze wordt nieuwsgierig. Ze **dobbert** wat rond en **heeft** haar **oren op steeltjes**.

'… als ik het toch zeg! Ik weet dat Basingu momenteel geen negatieve pers kan gebruiken.'

'Mevrouw Korenhof. U weet toch hoe het moet!' De medewerker komt binnen. Ze **glimlacht** naar hem, doet haar **wijsvinger** voor haar mond en kijkt hem indringend aan.

'Niet doen!' zegt ze heel zachtjes tegen de man die de waterstroom aan wil zetten. 'Vandaag wil ik het lekker rustig hebben.'

belendend	benachbart, Nachbar-
flard	Fetzen
dobberen	treiben, schwimmen
oren op steeltjes hebben	die Ohren spitzen
glimlachen	lächeln
wijsvinger	Zeigefinger
schouders ophalen	Achseln zucken
pierenbadje	kleines Schwimmbad

Hij **haalt** zijn **schouders op** en laat haar alleen.

Ze krijgt nog veel te horen voor ze het zwembad verlaat.

's Avonds kan ze bijna niet wachten tot Frits thuis is.

Eindelijk komt hij binnen.

'Hoe was je dag?' vraagt tante Carmelita.

'In orde. En jij? Wat heb jij gedaan, tante?' Frits is doodmoe.

'Ik was zwemmen. In een **pierenbadje**.'

'Aha!' Frits is te moe om echt te willen weten hoe het is om in een pierenbadje te zwemmen.
'Basingu heeft niets met de ontvoering te maken.' Tante Carmelita kijkt haar neef triomfantelijk aan.
'Hoe weet je dat?' Opeens is hij klaarwakker.
'Dat heb ik gehoord. In het pierenbadje.'

De volgende ochtend is de briefing om zeven uur. Frits is nog steeds doodmoe. Als een rechercheur iedere dag zo vroeg op moet staan, dan weet hij niet of dit wel het juiste beroep voor hem is. Peter herhaalt wat Frits tegen hem zei: 'We hebben de informatie dat Basingu niets met de ontvoering te maken heeft.' Aan de andere kant weten wij nu via twee bronnen, via een informant en via de tante van Frits, dat er morgen een levering zal plaatsvinden. We weten niet precies wat dat betekent. Het heeft iets met tuintjes te maken. Misschien is de informatie juist, maar niet voor ons bestemd. Hoewel het hier ook om een kwart miljoen euro gaat. Of deze levering nu Van Galten zelf is, weten we niet. Het is ook mogelijk dat mevrouw Laurentien ons buitenspel wil zetten.
Tante Carmelita zit inmiddels in de Koninklijke Bibliotheek te Den Haag[i].
Ze zoekt in kranten.
Serana, haar voormalige klant, zit naast haar. Ze zoeken naar informatie over Basingu.

Die **Königliche Bibliothek** der Niederlande in Den Haag ist die Nationalbibliothek des Landes. Jeder hat Zugang zu ihr, der Katalog ist auch im Internet einzusehen. Eine Besonderheit der Bibliothek ist die umfangreiche Schachliteratur.

Oefening 7: Tegenstellingen. **Verbinden Sie die Gegensätze!**

1.	*b* vroeg	a) rijk
2.	☐ duur	b) laat
3.	☐ moe	c) goedkoop
4.	☐ arm	d) uitgerust

Serana vertelt wat zij weet: Basingu is een intelligente man. Studie in Cambridge. Hij keerde naar Maramba terug en kwam in verkeerde kringen terecht. Hij pleegde een staatsgreep. Vrijwel alles wat je je aan misdaad kunt voorstellen, heeft hij op zijn kerfstok. In zijn regeringstijd werd er olie in Maramba gevonden. Shell verscheen op het toneel. Maar uiteindelijk waren de voorraden te gering om grootschalig olie uit de grond te pompen. Terwijl Serana spreekt, draait Tante Carmelita aan het wieltje van het apparaat om verder te zoeken op de microfilms van de kranten: 'Hé, kijk. Hier hebben we hem. 23 maart 1989. Een foto van Basingu. Onderhandelingen met Shell.'

klaarwakker	hellwach
bron	Quelle (*hier*: einer Information)
iem. buitenspel zetten	*hier*: umgehen
staatsgreep	Staatsstreich, Putsch
iets op zijn kerfstok hebben	auf dem Kerbholz haben
grond	Boden
onderhandeling	Verhandlung

Tante Carmelita leest het hardop voor: 'Basingu na de ondertekening van het contract met Shell. Van links naar rechts: Luuk van Galten, etc. etc.! Dat is zesentwintig jaar geleden. Van Galten maakt hier deel uit van het onderhandelingsteam. Basingu en Van Galten staan samen op een foto. Van Galten was toen een jonge advocaat bij Shell!'
'En wat bewijst dat?' vraagt Serana.
'Dat weet ik nog niet.'

De collega's bij Laurentien bellen Dobbelaar. Of hij wil komen.
'Chef, dit hebben we in de vuilnis gevonden.' Ze laten de weekendtas zien. 'Hij is aan de onderkant open.'
'Maar ze heeft het geld toch weer meegenomen?'

hardop	laut
vuilnis	Abfall, Müll
rekening	Konto
dus	also, folglich

Op de briefing 's avonds lost Peter het raadsel op: de bank van de Van Galtens deelt mee dat Laurentien geen tweehonderdvijftigduizend euro van de rekening heeft gehaald maar vijfhonderdduizend. Ze heeft het bedrag al eerder bij de bank besteld. Voor ze iets van de ontvoering had kunnen weten. Vermoedelijk had zij een tweede tas in haar weekendtas verstopt. Die heeft ze dan onder de tafel bij de strandtent gewoon laten staan. Ze heeft de ontvoerders dus buiten de politie om betaald. Maar waarom? En wie heeft het geld nu? Frits herinnert zich de twee Afrikanen en de nerveuze barkeeper.

4 Feest in een volkstuintje

Het is de dag waarop volgens Toto de 'levering' plaatsvindt. Tegen zes uur 's avonds komt er een bericht van het telecommunicatieteam dat Van Galtens mobiele telefoon volgt. De rechercheurs hebben plotseling een signaal opgevangen. Heel kort, maar duidelijk te traceren. Het kwam uit de buurt van de volkstuintjes.
Daar houden de ontvoerders hem vermoedelijk gevangen.
Dus Toto heeft gelijk.
Frits, Peter en twee andere collega's zitten achter een hek. Daar kunnen ze het huisje, van waaruit het signaal vermoedelijk komt, goed in de gaten houden.
Andere collega's verkennen de buurt. Op basis van hun informatie wil het TGO het huisje binnenvallen.
Frits luistert geconcentreerd.
Hij hoort geritsel.
'Wat is dat? Wat doen de collega's nu?' fluistert hij.
'Ze proberen vast te stellen hoe ze het huisje het best kunnen binnenvallen,' legt Peter uit.

volkstuintje	Schrebergarten
traceren	zurückverfolgen
dus	folglich, also
hek	Zaun
verkennen	erkunden
binnenvallen	*hier*: stürmen
geritsel	Rascheln

'Gelukkig is er geen volle maan,' fluistert Frits. 'Anders zouden de mannen gezien worden!'
'Daar hebben we ook een oplossing voor!'
'Oh ja, wat dan? Frits is erg nieuwsgierig. Hij leert hier inderdaad een hoop van!
'We gooien er een doek over!'
Plotseling laat iemand zich naast hem op de grond vallen. Frits moet zijn uiterste best doen om een luide schreeuw te onderdrukken.
'Dag Peter,' zegt Henk.

verveling	Langeweile
hetzelfde	dasselbe, das Gleiche
politiepet	Polizeimütze
avondwandelingetje	kleiner Abendspaziergang
helaas	leider
via via	auf Umwegen
overgave	Übergabe
bereiken	erreichen
schutting	Zaun

'Toto heeft jou **hetzelfde** verhaal verteld?'
'Mhm.'
'Ga je zijn zoon ook aan een **politiepet** helpen?'
'Mhm.'
'Waar kom jij voor?'
'Vervalste medicijnen. Ze worden hier overgegeven om ze verder te transporteren. En jullie?'
'Wij denken dat onze ontvoerde man hier is.'
'De advocaat?'
'Mhm.'
'Tante Carmelita!' Frits schreeuwt het opnieuw bijna uit. Hij rent naar het pad tussen de volkstuintjes en pakt zijn tante bij haar arm.
'Tante, wat doe je hier?' zegt hij, terwijl hij haar meetrekt naar Henk en Peter.

'Rustig maar, Frits.'
'Het is hier levensgevaarlijk!'
'Niet overdrijven. Ik maak gewoon een avondwandelingetje.'
Alsof Frits de vragende ogen van zijn chef in zijn rug voelt branden, zegt hij: 'Peter, dit is tante Carmelita.'
'Aangenaam,' antwoordt Peter heel rustig. 'De biertjes zijn helaas al op, maar frisdrank is er nog genoeg!'
Tante Carmelita let niet op Peter. Ze praat verder met Frits: 'Ik ben niet alleen hier. Weet je nog dat ik je over mijn exklant heb verteld? Ze heeft me vanmiddag verteld dat zij via via heeft gehoord dat hier een overgave van vervalste medicijnen zal zijn. Serana, kom eens.'
Ze wenkt naar iemand in de schaduw. Een donkere vrouw komt op.
'Frits, vervalste medicijnen zijn verantwoordelijk voor de dood van tienduizenden mensen! We hebben de politie gebeld, maar die gelooft ons niet. Ik kon je niet bereiken. Dus zijn we snel hier naartoe gegaan!'
Nu staan er zes mensen achter de schutting. Opnieuw gebeurt er een hele tijd niets.

Oefening 8: Ontbrekende woorden. Lesen Sie weiter und ergänzen Sie die fehlenden Begriffe.

vriend (2 x) | wachten | ~~onderdrukken~~ | duidelijk

'Ach!' Peter kan zijn verbazing niet **1.** *onderdrukken.*

'Kijk eens! Mevrouw Laurentien met haar gespierde

2. __________!'

Laurentien is gekleed in een **broekpak** met **camouflage-patroon**. Ze is **3.** __________ zichtbaar in het licht van een **lantaarnpaal**. Haar **4.** __________ draagt een korte broek en tanktop. Het lijkt alsof ze op iemand staan te

5. __________.

'Kijk!' zegt Henk zachtjes. Hij wijst naar de andere kant. 'Daar komen mijn gasten.'
Onder het licht van twee lantaarnpalen verder zijn twee Afrikanen te zien. Ze rijden op een bakfiets. Eén fietst en de ander zit in de bak. Laurentien en haar vriend lopen hun tegemoet. Ze ontmoeten elkaar bij de lantaarnpaal in het midden. Iedereen wacht af wat er gaat gebeuren. De vier praten met elkaar. Na een paar minuten loopt Laurentiens gespierde vriend terug naar de auto die iets verderop staat. Moeiteloos pakt hij de zware dozen uit

broekpak	Hosenanzug
camouflage-patroon	Tarnmuster
lantaarnpaal	Straßenlaterne
wijzen	zeigen
gast	*hier*: Kerl, Typ
bakfiets	Lastenfahrrad
tegemoet lopen	entgegengehen
portofoon	Walkie-Talkie
verbouwereerd	verdutzt

de kofferbak. De ene Afrikaan neemt ze van hem over en zet ze in de bakfiets. De andere Afrikaan overhandigt Laurentien een grote envelop. Niemand zegt een woord.
Frits fluistert: 'Peter, weet jij wat dat betekent?'
'Geen idee. Ik denk dat ik een nieuwe definitie van het woord ontvoering moet gaan bedenken.'
Opeens verandert de situatie.
Henk en Peter krijgen tegelijkertijd een signaal door hun portofoon.
De deur van het huisje gaat open.
Peter schreeuwt: 'Actie.' Want hij moet verhinderen dat de ontvoerders het slachtoffer iets aandoen.
Henk schreeuwt: 'Actie.' Want hij moet verhinderen dat de mensen vluchten die betrokken zijn bij de handel in vervalste medicijnen.
Luuk van Galten staat verbouwereerd in de deuropening van het huisje. Vier bewapende mannen stormen naar binnen. Peter neemt een aanloop en springt over het hek.
Hij hoort: 'Clear. Clear. Clear. Clear.'
Van Galten is helemaal alleen in het huisje!

5 Het is nooit genoeg

'Schatje,' zegt Laurentien. 'Het was een prachtig idee om mij te bellen vanwege je Tatra-modelautootje!'
Er zijn nu veel personen in het huisje. Luuk van Galten zit aan de tafel te huilen, zijn hoofd in zijn handen. Dan kijkt hij Peter aan.
'Ik neem aan dat u mijn vrouw inmiddels een beetje hebt leren kennen. Ze is onverzadigbaar. Tweehonderd paar schoenen is niet genoeg. Ik werk als een gek. Ik verdien veel geld. Maar het is nooit genoeg.'
'Lieverd,' zegt Laurentien. 'Vergeet je autootjes niet.'
Piet Hein schiet in de lach: 'Kijk nou toch eens. Een man die opgelucht is als zijn vrouw met een minnaar thuiskomt? Twee weken geleden stelde hij ons zijn avontuurlijke plan voor. Een nepontvoering. We moesten losgeld voor hem van de bank halen en bij de strandtent achterlaten. Daarna naar Tsjechië reizen om een oude auto op te halen. Natuurlijk, waarom niet? Daarvoor krijgen we een kwart miljoen euro. Prima, doen we! Dus zijn we verleden week naar Praag gereden. En of wij dan nog de pakjes in de kofferbak aan iemand willen overhandigen? Daarvoor krijgen we dan nog eens honderdvijfenzeventigduizend euro. Wat een gemakkelijke manier om geld te verdienen!'

Ook Luuk van Galten doet zijn verhaal.
'Drie weken geleden komen drie Afrikanen me opzoeken. Vlakvlaks. Ze laten mij foto's zien waarop ik met Basingu te zien ben. Ze **chanteren** mij.
Als mijn banden met Basingu openbaar worden, kan ik mijn carrière wel vergeten. Ik weet dat iemand die eenmaal begint te chanteren er nooit meer mee stopt. Mijn **huwelijk** stelt ook al niets meer voor. Wat had ik te verliezen? Ik heb dus heel snel mijn **verdwijning** gepland. Een ontvoering leek me ideaal. De benodigde documenten en een nieuwe identiteit heb ik al. Ik hoef alleen nog maar in die mooie oude auto te stappen en naar Tsjechië te rijden.'

prachtig	wundervoll
vanwege	wegen
onverzadig-baar	unersättlich
gek	Verrückter
opgelucht	erleichtert
nepontvoe-ring	vorgetäuschte Entführung
kwart	Viertel
manier	Art, Weise
chanteren	erpressen
huwelijk	Ehe
verdwijning	Verschwinden

Peter pakt Luuk bij zijn arm en trekt hem omhoog.
'Meneer Van Galten, wij rijden nu in een heel moderne politieauto naar het hoofdbureau.'

'Tante Carmelita?'
'Ja, Frits?' Ze zit weer te quilten.
'Jij weet toch altijd alles?'
'Natuurlijk, Frits.'
'Waarom zou een rechercheur niet mogen trampolinebungeespringen?'

Eindtoets

Oplossingen

Woordenlijst

Overzicht van oefeningen

Eindtoets

Oefening 1: Vertaling. Wie lautet die richtige Übersetzung? Ordnen Sie zu!

1.	☐ net	a) ziemlich
2.	☐ nogal	b) sicher
3.	☐ misschien	c) wiederum
4.	☐ vast	d) ernst
5.	☐ opnieuw	e) gerade
6.	☐ serieus	f) komisch
7.	☐ gek	g) vielleicht

Oefening 2: Zoek de fout. Welcher Satz ist fehlerfrei? Kreuzen Sie an!

1. ☐ **a.** Wie bent u?

   ☐ **b.** Wie bent uw?

2. ❐ **a.** Wanneer kom je vrouw thuis?

❐ **b.** Wanneer komt je vrouw thuis?

3. ❐ **a.** Waar was hij morgen?

❐ **b.** Waar was hij gisteren?

Oefening 3: Woordzoeker. Finden Sie neun Wörter im Gitternetz, die mit dem Studentenleben zu tun haben!

G	T	E	N	T	A	M	E	N	S	P	H
H	S	E	E	E	F	E	E	S	T	O	U
U	T	I	A	L	D	T	H	I	U	B	I
I	U	A	G	A	R	R	I	E	D	I	S
S	D	C	H	S	T	U	D	I	E	B	G
T	E	I	K	K	E	E	P	B	R	L	E
B	I	J	B	A	A	N	T	J	E	I	N
H	G	F	L	J	E	T	S	A	N	O	O
J	E	E	A	H	F	Y	W	N	S	T	O
I	N	R	R	B	G	S	Z	G	M	H	T
K	O	S	T	A	A	I	L	E	R	E	N
L	R	T	B	G	W	U	T	M	K	E	D
E	T	A	E	T	U	L	H	K	L	K	R

Oefening 4: Definities. Schreiben Sie das beschriebene Wort auf!

1. grote opwinding en onrust ______________________
2. heel ernstig ______________________
3. heel verbaasd ______________________
4. onelegant lopen ______________________

Oefening 5: Kies synoniemen. Suchen Sie die Synonyme!

1.	☐ lekkernij	a) verbluft
2.	☐ verbaasd	b) sterven
3.	☐ prettig	c) delicatesse
4.	☐ overlijden	d) aangenaam

Oefening 6: Welk woord past er niet bij? Welches Wort passt nicht in die Reihe? Unterstreichen Sie das 'schwarze Schaf'!

1. flat | appartement | woning | kamer
2. vistent | visdrank | viskraam | viswinkel
3. wandelen | lopen | rennen | fietsen

Oefening 7: Werkwoorden. Setzen Sie die Verbformen in der dritten Person Singular Präsens ein!

1. vinden ______ *vindt* ______
2. lopen ____________
3. vertellen ____________
4. fluisteren ____________
5. zijn ____________

Oefening 8: Zoek de juiste vertaling. Wie lautet die richtige Übersetzung? Ordnen Sie zu!

1. ☐ huren	a) Bissen
2. ☐ gillen	b) Gesellschaft
3. ☐ de hap	c) schreien
4. ☐ duur	d) mieten
5. ☐ maatschappij	e) teuer

Oplossingen

Student vermist

Oefening 1: **1.** b **2.** a **3.** b **4.** a

Oefening 2: **1.** c **2.** b **3.** a **4.** d

Oefening 3: **1.** raar **2.** glimlacht **3.** 's maandags **4.** roepen

Oefening 4: **1.** heeft, had **2.** zuchten, zucht **3.** lag **4.** weet **5.** is, was

Oefening 5: **1.** fietst **2.** was **3.** was **4.** is **5.** vindt **6.** was **7.** denkt **8.** gaat **9.** vertellen **10.** wil **11.** beëindigen. **12.** ziet **13.** moet **14.** moet **15.** vertellen

Oefening 6: **1.** goed **2.** fout **3.** fout **4.** fout **5.** goed

Oefening 7: **1.** Ja, dat klopt. **2.** Hij heeft gelijk. **3.** Gaat u zitten. **4.** Begrijp ik dat goed?

Oefening 8: **1.** zijn **2.** haar **3.** uw **4.** mijn

Oefening 9: **1.** d **2.** a **3.** b **4.** c

Oefening 10: **1.** Wat **2.** Waarom **3.** Waar **4.** Wie **5.** Wanneer

Oefening 11: **1.** helaas **2.** geïrriteerd **3.** raam **4.** bel **5.** instemmend **6.** borstzak **7.** zwaaien **8.** lijken **9.** fout

Lösung: agressief

De dood en de haring

Oefening 1: **1.** c **2.** d **3.** a **4.** e **5.** b

Oefening 2: **1.** rijtjeshuis **2.** strandwandeling **3.** zomervakantie **4.** flatgebouw

Oefening 3: **1.** fout (Trijntje heeft geen hond.) **2.** fout (Trijntje overlijdt door het eten van een groene haring.) **3.** goed **4.** goed

Oefening 4: **1.** Trijntje kijkt hem met grote ogen aan.

2. Hij is dood.

3. Zij draaien hun hoofd in haar richting.

4. Ik ben blij dat het hier gaat opgroeien.

Oefening 5: **1.** vandaan **2.** nieuwe **3.** zegt **4.** hoeft

Oefening 6: **1.** Heeft **2.** is **3.** heb, ga **4.** gaat, is **5.** zijn

Oefening 7: **1.** volgende **2.** gezamenlijk **3.** staat **4.** nooit

Oefening 8: **1.** komt **2.** is **3.** gaat **4.** trekt **5.** trekt **6.** moet

De moordenaar van Den Haag

Oefening 1: **1.** d **2.** c **3.** a **4.** b

Oefening 2: **1.** zegt **2.** geen **3.** langzaam **4.** fluistert

Oefening 3: **1.** d **2.** a **3.** e **4.** b **5.** c

Oefening 4: b, c, d, a

Oefening 5: **1.** ziet **2.** vindt **3.** kijkt **4.** zijn **5.** kun

Oefening 6: **1.** met **2.** uit **3.** naast **4.** naar

Oefening 7: **1.** b **2.** c **3.** d **4.** a

Oefening 8: **1.** onderdrukken **2.** vriend **3.** duidelijk **4.** vriend **5.** wachten

Eindtoets

Oefening 1: **1.** e **2.** a **3.** g **4.** b **5.** c **6.** d **7.** f

Oefening 2: **1.** a **2.** b **3.** b

Oefening 3: **1.** tentamens **2.** bijbaantje **3.** cijfers **4.** studie **5.** feest **6.** studeren **7.** leren **8.** bibliotheek **9.** huisgenoot

Oefening 4: **1.** commotie **2.** bloedserieus **3.** verbouwereerd **4.** waggelen

Oefening 5: **1.** c **2.** a **3.** d **4.** b

Oefening 6: **1.** kamer **2.** visdrank **3.** fietsen

Oefening 7: **1.** vindt **2.** loopt **3.** vertelt **4.** fluistert **5.** is

Oefening 8: **1.** d **2.** c **3.** a **4.** e **5.** b

Woordenlijst

irr = unregelmäßig
ϟ = umgangssprachlich
pl = Plural

Hinter dem Substantiv steht der bestimmte Artikel *het* oder *de*.

aandacht de	Aufmerksamkeit
aandringen *irr*	drängen
aangeschoten	angetrunken
aarde de	Erde
aarzelen	zögern
achterdochtig	argwöhnisch
achtergrond de	Hintergrund
achtervolgen	verfolgen
afdeling de	Abteilung
afkomstig	gebürtig
afmaken	*hier*: umbringen
afstevenen op	zusteuern auf
aftapspullen de *pl*	Abhörgeräte
afzien *irr*	absehen, verzichten
ajakkes!	*hier*: bäh! pfui!
al	*hier*: wenn auch
allang	schon lange
alvleesklier de	Bauchspeicheldrüse
amper	kaum
avondwandelingetje het	kleiner Abendspaziergang
baan de	Job, Arbeitsstelle
baas de	Chef
badpak het	Badeanzug
bak de	Gefäß
bakfiets de	Transportfahrrad
band de	Reifen
basisbehoefte de	Grundbedürfnis
bazig	herrisch, bestimmend
bedoelen	meinen
bedrijvig	geschäftig
beduusd	verdutzt
begrijpen *irr*	verstehen
begrip het	Verständnis
bel de	Klingel

belangrijk	wichtig
belasting de	Steuer
↯ belazeren	bescheißen
belendend	benachbart, Nachbar-
beloven	versprechen
beneden	unten
benedenverdieping de	Erdgeschoss
bereiken	erreichen
berichtje het	Nachricht
beschaafd	kultiviert
beseffen	begreifen, einsehen
best	*hier*: ziemlich
betrokken bij	beteiligt bei
bezig zijn *irr*	beschäftigt sein
bij elkaar	zusammen
bijbaantje het	Nebenjob
binnen de kortste keren	in kürzester Zeit
binnenkort	demnächst
binnenvallen *irr*	*hier*: erstürmen
bitterbal de	Fleischbällchen (nl. Spezialität)
bleek	blass
blij	froh
blijven *irr*	bleiben
blikje het	Dose
bloedserieus	toternst
blozend	errötend
bonken	*hier*: pochen, hämmern
boog de	Bogen
bord het	Teller
borstzak de	Brusttasche
bovendien	außerdem
bovenop	hinauf, obendrauf
bovenste	oberste
brancard de	Bahre
broekpak het	Hosenanzug
broekzak de	Hosentasche
bron de	Quelle (*hier*: einer Information)
bui de	*hier*: Laune
buurman de	Nachbar
camouflagepatroon het	Tarnmuster
chanteren	erpressen
cijfer het	Note
commotie de	Aufregung
conclusie de	Schlussfolgerung
contactgegevens de *pl*	Kontaktdaten
dader de	Täter
dansvloer de	Tanzfläche
decennium het, decennia de *pl*	Jahrzehnt
deftig	vornehm
deurmat de	Türmatte

deurwaarder de	Gerichtsvollzieher
dobberen	treiben, schwimmen
door elkaar schudden	durcheinanderbringen
door rood rijden	eine rote Ampel überfahren
doorzonwoning de	typ. nl. Reihenhauswohnung
dopen	*hier*: eintunken; taufen
dreigen	drohen
drift de	*hier*: Trieb
dromerig	verträumt
dronken	betrunken
druk bezig zijn	sehr beschäftigt sein
druk	*hier*: geschäftig, betriebsam
drukte de	Wirbel, Tumult
duidelijk	deutlich, klar
duin het	Düne
durven	sich trauen, wagen
dus	folglich, also
duw de	Stoß
echtgenoot de	Ehemann
echtgenote de	Ehefrau
eens	einmal
eeuw de	Jahrhundert
eiafzetting de	Eiablage
eigenaar de	Besitzer
ϟ eikel de	Blödmann, Dreckskerl
eisen	fordern
Engelsman de	Engländer
erf het	Hinterhof
ergens baat bij hebben *irr*	nützen, Nutzen von etw. haben
even	*hier*: gleich, ebenso
excuus het	Entschuldigung
favoriet	Lieblings-, bevorzugt
flard de	Fetzen
flatgebouw het	Wohnanlage
fout de	Fehler
frikandel de	Fleischrolle (nl. Spezialität)
frisse neus	*hier*: frische Luft
gast de	*hier*: Kerl, Typ; Gast
gastvrijheid de	Gastfreundschaft
gebeurtenis de	Ereignis
gebouw het	Gebäude
gefeliciteerd	gratuliere
geïrriteerd	verärgert
gek	komisch, verrückt
gelijk hebben *irr*	recht haben
gemompel het	Gemurmel
genieten *irr*	genießen
genoegen het	Gefallen; Vergnügen
geraffineerd	raffiniert
geritsel het	Rascheln

geschiedenis de	Geschichte
gespannenheid de	Anspannung
gespierd	muskulös
geval het	Fall
gevelde	gefällte(r)
ϟ gezeik het	Faselei, Genörgel
gezet	untersetzt, korpulent
gezichtsuitdrukking de	Ausdruck
gieren	quietschen, lachen, sausen, heulen
gijzelaar de	Geisel
gillen	kreischen
glibbervis de	glibbriger Fisch
glimlach de	Lächeln
glimlachen	lächeln
goed opgevoed	gut erzogen
grappig	lustig
grond de	Boden
handboei de	Handschelle
hapje het	Bissen
hardop	laut
hardvochtig	herzlos
haringtent de	Heringsstand
haringworm de	Fadenwurm
haten	hassen
hek het	Zaun
helaas	leider
hels	höllisch
herhalen	wiederholen
het spijt me	es tut mir leid
ϟ het voor gezien houden *irr*	die Nase voll haben
hetzelfde	das Gleiche, dasselbe
hoofdbureau het	Polizeipräsidium
Hou je haaks!	Pass auf dich auf!
Huh?	Hä?
huid de	Haut
huilen	weinen, heulen
huren	mieten
huwelijk het	Ehe
iedereen	jeder(mann)
iem. buitenspel zetten	jdm. ins Abseits stellen
Ier de	Ire
iets achter de rug hebben *irr*	etw. hinter sich haben
iets op zijn kerfstok (hebben *irr*)	etw. auf dem Kerbholz (haben)
immers	ja, schließlich
in de gaten hebben *irr*	bemerken
in de lach schieten *irr*	in Lachen ausbrechen
in de maling nemen *irr*	jdn. auf den Arm nehmen
in de verte	entfernt, in der Ferne
in strijd zijn met *irr*	verstoßen gegen
in verband met	im Zusammenhang mit

indrukwekkend	beeindruckend
ineens	plötzlich
ingewanden de *pl*	Eingeweide
inmiddels	inzwischen, unterdessen
instemmend	zustimmend
intimideren	einschüchtern
intoetsen	eingeben
intrappen	eintreten
invloed de	Einfluss
jaloers	eifersüchtig, neidisch
jazeker	jawohl, sicher
⚡ jemig	oh, Mann
jeugdig	jugendlich
kaal	*hier*: karg, sparsam
kabaal het	Krach
kade de	Kai
(haring) kaken het	*hier*: das Ausnehmen von Herz, Darm und Kiemen bei jungen Heringen
kamer de	Zimmer
kapsel het	Frisur
kapster de	Friseuse
keel de	Hals, Kehle
kennis de	Bekannte(r)
kereltje het	*hier*: Versager
kil	kühl, kalt
kipper de	Räucherhering
klaar	fertig
klaarwakker	hellwach
klant de	Kunde, Mandant
klap de	Schlag
kleuter de	Kleinkind
⚡ klootzak de	Arschloch
knikken	nicken
knipogen	blinzeln
knus	gemütlich
koel	kühl
koopje het	Schnäppchen
kozijn de	Fensterrahmen
kraai de	Krähe
kraam de	Verkaufsstand
kralenketting de	Glasperlenkette
krat de	Kasten
kreunen	stöhnen
krijsen	schreien, kreischen
kringentheorie de	„Umfeld-Theorie“ (Polizeibegriff)
kroket de	Krokette (nl. Spezialität)
kuil de	*hier*: Kuhle, Mulde
kwaad	böse
kwadraat het	Quadrat
kwart het	Viertel

lantaarnpaal de	Straßenlaterne
last hebben van *irr*	leiden unter
legerpak het	Armeeuniform
lelijk	hässlich
lepel de	Löffel
levensloos	leblos
levering de	Lieferung
lichaam het	Körper
liegen *irr*	lügen
liever	lieber
lijden *irr*	leiden
lijken *irr*	scheinen
lijkschouwer de	Leichenbeschauer
logeerkamer de	Gästezimmer
logeren	übernachten
luchtje scheppen	Luft schnappen
luisteren	zuhören
lukken	gelingen, klappen
maatschappij de	Gesellschaft
makkelijk	einfach
manier de	Art, Weise
masteropleiding de	Masterstudiengang
medewerker de	Mitarbeiter
meedeelzaam	mitteilsam
meteen	gleich, sofort
miezerig	mickrig
minnaar de	Liebhaber
misdaad de	Verbrechen
misdadiger de	Verbrecher
misgaan *irr*	schiefgehen
misselijk	übel
mitrailleur de	Maschinengewehr
mobieltje het	Handy
mogen *irr*	dürfen
moleculaire keuken de	Molekularküche
mompelen	murmeln
moraalridder de	Moralapostel
muis de	Maus
nader	näher
nagaan *irr*	sich denken
nakijken *irr*	nachsehen, hinterherblicken
nauwelijks	kaum
negeren	ignorieren
nek de	Nacken
nepontvoering de	vorgetäuschte Entführung
net	genau, gerade
nieuwe haring de	Matjes
nogal	ziemlich
of zo	oder so(was)
officier van justitie de	Staatsanwalt

onderhandeling de	Verhandlung
onderscheppen	unterschlagen
ongenoegen het	Unwille, Unbehagen
onnozel	*hier*: albern, harmlos
ontgaan *irr*	entgehen
onthutst	verdutzt, betroffen
ontslag nemen *irr*	kündigen
ontvoeren	entführen
ontvoerd	entführt
ontvoering de	Entführung
onverzadigbaar	unersättlich
onzeker	unsicher
oogopslag de	Augenaufschlag
oorlog de	Krieg
op de kop tikken	ergattern
op stap zijn *irr*	unterwegs sein
op tijd	rechtzeitig
opeens	auf einmal
opgelucht	erleichtert
opgroeien	aufwachsen
ophalen *irr*	abholen
ophouden *irr*	aufhören
opknappen	herrichten, auf Vordermann bringen
oplossing de	Lösung
opnemen *irr*	abheben
opnieuw	wiederum, erneut, nochmals
oprit de *m*	Auffahrt
opruimen	aufräumen
opscheppen	prahlen
opslaan *irr*	speichern
opvallend	auffällig
opveren	aufspringen
opzien tegen *irr*	mit Befürchtung entgegensehen
oren op steeltjes hebben *irr*	die Ohren spitzen
over	übrig
overhalen	überreden
overhebben voor *irr*	hergeben für
overgave de	Übergabe
paaien	*hier*: laichen
paaltje het	kleiner Pfahl
pak het	Anzug
panharing de	Brathering
partijtje het	*hier*: Portion
patat de	Pommes Frites
pekelharing de	Salzhering
piepklein	winzig
pierenbadje het	kleines Schwimmbad
plaats van bestemming de	Ziel
plankje het	kleines Brett
ϟ plassen	pinkeln

ϟ plee de	WC, Klo
plezier het	Spaß
poedersuiker de	Puderzucker
politiepet de	Polizeimütze
portofoon de	Walkie-Talkie
prachtig	prächtig
puddingbroodje het	Brötchen mit Vanillepudding-Sahnefüllung
raad mee weten *irr*	*hier*: erklären können
raam het	Fenster
raar	komisch
recherche de	Kriminalpolizei
rechercheur de	Kriminalkommissar
rechtszaak de	Prozess
rekening de	Konto
relatie de	Beziehung
religie de	Religion
riem de	Gürtel
rijtjeshuis het	Reihenhaus
rinkelen	klirren, klingeln
rommeltje het	Durcheinander
rondfietsen	herumfahren
rotten	verderben
rug de	Rücken
ruiken *irr*	riechen
rust de	Ruhe
ruzie de	Streit
samenstelling de	Zusammensetzung
samenvatting de	Zusammenfassung
schelen	*hier*: einen Unterschied machen von
schending van mensenrechten de	Menschenrechtsverletzung
schilderij het	Gemälde
schouder de	Schulter
schouders ophalen	Achseln zucken
schuim het	Schaum
sectie de	Obduktion
seks de	Sex
serieus	ernst
sieraad het	Schmuck
sindsdien	seitdem
slachtoffer het	Opfer
slechts	nur, lediglich, kaum
slikken	schlucken
sluiten *irr*	schließen
slungelig	schlaksig
snipperen	kleinschneiden
spierwit	kreidebleich
splinternieuw	niegelnagelneu
sproet de	Sommersprosse
sprongetje het	Sprung
spul het	Zeug, Sachen

spullen de *pl*	Sachen
staart de	Schwanz
staatsgreep de	Staatsstreich, Putsch
stage lopen *irr*	(ein) Praktikum machen
stap de	Schritt
steeds	immer
stevig	solide, fest, stark
stiekem	heimlich
stilte de	Stille
stoep de	Gehsteig
stoer	derb, grob
stom	dumm
strafmaat de	Strafmaß
stropdas de	Krawatte
struik de	Busch, Strauch
struikelen	stolpern
ϟ sukkel de	Blödmann, Trottel
sürstromming de	saurer Hering
taak de	Aufgabe
taart de	Torte
tappen	zapfen
te binnen schieten *irr*	einfallen
te hulp schieten *irr*	zu Hilfe eilen
te weten komen *irr*	in Erfahrung bringen
Team Grootschalig Optreden	Spezialeinheit der nl. Polizei
teamvergadering de	Teamversammlung
tegemoet lopen *irr*	entgegengehen
tegenovergestelde het	Gegenteil
tenger	schmächtig, zierlich
tenminste	zumindest
tentamen het	Prüfung
terugsturen	zurückschicken
terwijl	während
tientallen de *pl*	Dutzende
toeproosten	zuprosten
ton de	Tonne
tong de	Zunge
touw het	Seil, Tau
traceren	zurückverfolgen
trakteren	jdn. einladen, etw. spendieren
trillen	*hier*: vibrieren, zittern
trouwens	übrigens
ϟ trut de	Zicke, Schnepfe
tuintje het	Garten
uit de hand lopen *irr*	außer Kontrolle geraten
uitbundig	*hier*: pompös, aufgedonnert
uitdagend	herausfordernd, provozierend
uiteraard	selbstverständlich
uitje het	kleine Zwiebel
uitmaken	*hier*: Schluss machen

uitnodigen	einladen
uitscheiden	aufhören
uitstekend	ausgezeichnet
uitvinder de	Erfinder
uitzoeken *irr*	nachgehen, herausfinden, aussuchen
van zich afduwen	von sich wegstoßen
vandaan	her
vangstbeperking de	Fangbeschränkung
vangverbod het	Fangverbot
vanwege	wegen
vast wel	sicherlich schon
vast	*hier*: sicherlich
ver	*hier*: weit weg
verbaasd	erstaunt
verbazing de	Erstaunen
verbouwereerd	bestürzt; verdutzt
verdieping de	Etage
ϟ verdomd	verdammt
verdwijning de	Verschwinden
vergezellen	begleiten
vergokken	verspielen
verkennen	erkunden
verlegen	schüchtern
vermannen	sich zusammenreißen
vermoeidheid de	Müdigkeit, Ermüdung
vermoorden	ermorden
verontwaardigd	empört, entrüstet
verpesten	verderben
verrekijker de	Fernglas
verschil het	Unterschied
versieren	schmücken
verslaving de	Sucht
verstoppen	verstecken
vertrek het	Aufbruch, Abreise
vertrekken *irr*	verreisen, abfahren
vervalsen	fälschen
verveeld	gelangweilt
vervelend	unangenehm
verveling de	Langeweile
vervolgens	danach
verwachting de	Erwartung
verwrongen	verzerrt
vesting de	Festung
via via	auf Umwegen
vies tegenvallen *irr*	*hier*: saumäßig frustrieren
visboer de	Fischhändler
vlakbij	(ganz) in der Nähe
vloeken	fluchen
volkstuin de	Schrebergarten
volwassen	erwachsen

voor het geval	für den Fall
voor het laatst	zum letzten Mal
voordat	bevor
voordeur de	Haustür
voorhoofd het	Stirn
vreemd	merkwürdig
vreemdelingenadvocaat de	Anwalt für Ausländer
vrij	*hier*: ziemlich
vrijgezel de	Junggeselle
vuil	dreckig, mies
vuilnis het	Abfall, Müll
vuist de	Faust
waaien	wehen
waggelen	wanken
wandelen	spazieren
weefsel het	Gewebe
wegduiken *irr*	(sich) ducken
wel	schon
wiebelen	schaukeln
wijdbeens	breitbeinig
wijk de	Stadtviertel
wijs	klug
wijsgeer de	Philosoph
wijsvinger de	Zeigefinger
wijzen *irr*	zeigen
wraak de	Rache
ϟ zeikerd de	Quengler
zeilboot de	Segelboot
zenuwachtig	nervös
zich niet op zijn gemak voelen	sich nicht wohl fühlen
zich vervelen	sich langweilen
zin de	*hier*: Lust
zomaar	grundlos, einfach so
zucht de	Seufzer
zuchten	seufzen
zuinig	*hier*: verhalten, sparsam
zwaaien	winken
zweet het	Schweiß

Overzicht van oefeningen

Unterhaltsam Sprachen lernen

So abwechslungsreich war Sprachenlernen noch nie!

Es ist ein ganz besonderer Tag für Merel: das Schulprojekt, das sie koordiniert hat, findet statt und sie hat Geburtstag. Seit Monaten plant sie die Party bis ins kleinste Detail. Doch plötzlich sagt ein Freund nach dem anderen in letzter Minute ab und auch der restliche Tag verläuft nicht nach Plan. Kann sie die Feier noch retten oder endet der Tag in einem traurigen Fiasko?

Das Bed & Breakfast von Brenda und Evelyn ist eines der ältesten in der kleinen Hansestadt Zutphen. Doch es läuft schon lange nicht mehr so gut wie früher: die Gäste bleiben aus und es passieren merkwürdige Dinge. Wenn es so weiter geht, müssen sie ihr Hotel schließen. Doch Brenda und Evelyn haben einen Plan …

ISBN 978-3-8174-2547-1

Gemeinsamer Europäischer Referenzrahmen A1

- 4 Kurzgeschichten von muttersprachlichen Autoren
- über 50 didaktisch geprüfte Übungen
- Vokabelangaben auf jeder Seite und umfangreiches Glossar
- Infokästen zu Land und Sprache
- Online-Vokabeltraining mit Phase6

www.circonverlag.de